來自紫色天堂的
以馬內利靈訊

# 神性自在

章成
著

目錄

# 自序

在二〇一一年初出版了《與佛對話》之後，某晚，才剛熄燈入睡，我的指導靈以馬內利，帶著我曾經熟悉的紫色能量，突然對我清晰的說話。幾番對話之後我感動不已，在黑暗中我沒有叫醒身旁的M，只是自己紅著眼眶，領受著心中激動澎湃的了悟與滿足。在此同時，我突然知道自己破解了一個自己先前甚至不曾覺察的大迷思，就是把「自己」與「神」截然二分的習慣。而我知道，從這個迷思破解以後，「神」就像自來水龍頭一樣，已經順利安裝在我的意識之內了。

那段期間，我正好每天晚上會利用睡前時光，重聽一卷七年前高靈透過M與我交談的錄音帶。就在我與以馬連上線的隔天晚上，我繼續在睡前收聽，沒想到那卷錄音帶只剩下了最後的幾分鐘，在磁帶轉入盡頭的前一秒，高靈的話語竟也恰恰好完整地結束。話語結束時配合著放音鍵自動跳起的喀嚓聲，顯得格外鏗鏘有力：「如果你能常常停下來回到這紫色的能量，那裡面就會有源源不絕的東西，而你也會發現，其中也有你一直在追尋與渴望的了悟。」

這些七年前的話，就像是故意在這時候讓我重新聽到一次，真的，這次我震耳欲聾！

當然，我再也不會說這是巧合了。

看過《與佛對話》的朋友問我說，為什麼七年前你已經接觸到了以馬的紫色能量，可是卻是到現在，足足七年以後，才能夠與以馬清晰的溝通呢？

其實，在開花結果的那一刻，這個問題的答案同時也揭曉了。那天晚上，從二〇〇四到二〇一一這七年間自己的一切歷程的意義，霎時清晰了起來。生命不止不是巧合，更是恩典。

七年前那個時候，以馬若開始在意識之流中與我對話，我會充滿自我懷疑，因為我讀過太多書、知道很多道理，這是自我催眠吧？這是我在跟自己玩遊戲吧？我一定會這麼想，根本無法信任。在心智勢將挑起的眾多紛擾疑慮下，以馬如此高的頻率的確也進不來。的確，當時的自己還沒有準備好。

於是宇宙間慈悲的力量採取了三個步驟來轉化我的內在環境。第一個步驟，用了一個不那麼直接，卻讓我無法不信服的方式顯示其存在。祂們透過M，一個當時沒有讀過任何靈性書籍、新時代書籍，更沒上過各種心靈課程、卻又是我最信任的伴侶，來對我這個禪修多年的人提供高層次的信息（內容與過程請參考《與佛對話》）。於是我不得不在震撼中，面對呈現在眼前的現象，開始去認識多重次元宇宙存在的概念；然後透過後續M一次又一次的通靈，讓我在生活中漸漸熟悉高次元智慧存有的存在，成為了生活的一部分。

接著第二個步驟，是開始讓高靈梅爾達，不透過M，直接以信息團的方式給我信息（可參考《絕望中遇見梅爾達》一書）。這種短信息就如同創作時的「靈感」，比較能通過我的心智，讓心智仍能保持開放。於是在這個時期，我的心智逐漸接受可以從自己內在去聽取高次元信息的現象。

最後一個步驟是，高靈在我發展心靈工作的歷程中，用各種際遇來提醒我，簡單地享受已經擁有的事物的重要。於是在那幾年裡，我慢慢解脫了自己以前會很在意或焦慮的價值判斷；並且，透過大量的接觸自然，自得其樂的平淡生活愈來愈讓我滿足和感恩。於是，我的意識頻率穩定地提升到一個隨時能夠接近「發亮」的狀態。原來，這也是穩定接收高層次信息必要的意識純化過程，同時，更是打破「神」與「自己」根深柢固的分別心的一種的必需準備。

就在二〇一一年，這三個步驟被完成了，然後，與以馬清晰對話的可能性，才成為我的實相。因此二〇一一年，可以說是我生命史中非常值得紀念的一年。

有許多人都能夠與指導靈清晰的溝通，每個人經歷的過程卻不一樣。甚至，許多靈性極高的人並未有與指導靈做對話式溝通的經驗，因為對他現階段靈性成長的最高利益而言，這並不是必要的。因此在這裡說出自己的這段歷程，想傳達的訊息重點是：人生並不是一連串的巧合所構成的一個隨機的故事。其實它是由某些在「時間順序」之外的「幕後主題」所一體鋪陳的。就像一齣戲劇的後面是有劇本的，而這些幕後主題不僅僅是人們認為的業力，其實還有更大的一種正面力量，那就是願力。

尤其是在當前這段時期，這個願力愈來愈明顯了，一股揚升的意識之流，確實正影響著整個世界，也影響著每個人。正像老鷹飛行時最喜歡的上升氣流，這股巨大的意識揚升之流目前正環繞著整個人類世界。眾多高次元的力量——其實也就是我們更大本質的自己的力量，比從前更加靠近我們意識可及之處了。因此，對於想要體驗意識揚升的讀者而言，現在正是最佳時機。

如果你曾經放下和清理過許多自己內在的負面信念，接下來這段時期，你很可能看到自己好像一個蒙恩的人，處處受到啟發和支持，根本無須擔心生活所需的一切。但如果你是現在才想要徹底面對自己人生的課題的話，不用嫌遲，現在也會有如神助般進展快速。本來「有如神助」是個成語，但是在這個時期，卻恰好是對當前狀況的精確描述。

因此，以馬內利與我對話的這個事件本身，以及我們對話的內容，都圍繞在這個揚升意識的主題之下。當你閱讀這本書時，你將感知以馬和我之間激盪出的揚升氣流；只要願意開放你的心，並給予專注，你將會直接參與我們對談時的能量之流，而這會是一趟飆速的揚升之旅。

神性自在！不需他求，相信當下圓滿，就能源源不絕受用。對正在閱讀的你，再次獻上滿滿的祝福！

## 【楔子】

# 一個發亮的人VS一個發亮的神

以馬內利：

嘿！親愛的，重點不是要去把這些話記錄下來。重點是此刻要去發亮。

每次你開始在用頭腦想的時候，發現自己停滯下來的時候，就去感受那個發亮，那個發亮裡面就有足夠的、很順暢的東西會跑出來，你只要跟隨著就行了。

對，你現在就正在跟隨著，思考愈來愈少，你就愈來愈發亮，你現在正飛快地打字……你不就感覺到了嗎？

你可以分辨你內在憂慮的聲音以及發亮之流的不同。**發亮**也可以是靜默的。

「發亮」充滿著智慧，那是一種流動和自由，當你在用頭腦想要寫什麼的時候，這面會有一個中斷，而重新接上後你會看到，發亮之流對於這個三次元的停頓，自然有著祂充滿智慧的評論。

你瞧，這個「祂」字未經你的選擇，竟然直接跑出來。這不是你的「自然輸入法」應有的順序。這不是偶然的。你現在正在練習跟隨著內在的發亮之流，這中間還不時會有著頭腦的干預，但你已經愈來愈快地跟上了。

現在你已經清楚通靈是怎麼一回事，那個內在的發亮之流一直都是存在的，你只要留意到它，跟上去，就像溜滑梯一樣，順著下去就行了！你不要考慮別人能不能懂，只要把話說出來就對了。並不會一直有話，意思到了它就停止了。

通靈並不能爲人所利用，相反的，是人爲通靈所利用。這個意思是，神不能爲人所利用，而是人必須順著神走。神是輕快的、發亮的，神是一切正向心念的源頭，祂就像泉源一樣。而你還可以發現，祂可以同時領悟好多件事，也就是你的意識之流同時在好多面向會一直打開。

……

現在我們可以寫書了。

你還是必須去架構，而這是一個發亮的架構。記住，你只需要做「發亮」的事，而不需要去考慮別人的覺得。

章成：

嘿！親愛的以馬，我決定把我多面向的領悟寫出來。而這是個發亮的想法。

以馬內利：

很好，就是像這樣，你現在甚至學會對話了。

**一個發亮的人對一個發亮的神**。

這其中有一種絕妙的合作，你在發亮的情況下，去記得你過去的困頓，然後拿到發亮的神面前，於是可分享的智慧就自然源源流出。

章成：

是的，親愛的以馬，新手上路了！

# 1 通靈練習曲

*2011.02.10 21:55*

以馬，我愛你，我願跟隨你。

你只要把所有心中的對話寫下來就好了，你願意試試嗎？

好的，我願意。

那麼你想問些什麼呢？

我想先說說此刻我所感覺到的：當我願意放下篩選標準，只是把心中的對話寫下來時，此刻我感覺到一種紫色的、質感近乎絲滑般細緻的喜悅感，好像是在吃絲滑口感的巧克力，卻是整個人浸淫在裡面，而不是只有嘴巴的感覺。這真奇妙！其實我還是忍不住篩選我的用詞，但我應該更放鬆，就只是寫下來就對了。

是這樣的，不過你還是在意著修正錯別字。

是的，哈哈，我的習慣，在乎著別人的看法。

好的，你已經進入了這個發亮的流中了，現在想說些什麼呢？

嗯，又是「一個發亮的人」面對「一個發亮的神」的狀態了。

現在我想先這樣問好了，如果有人問：你是誰？你要怎麼回答？是誰在跟我對話呢？

不就是你自己在跟你自己對話嗎？哈哈！人們會覺得這樣很平凡無奇嗎？可是這卻是很神奇的一件事呢，因爲自己跟自己對話，居然可以如此的充滿火花，居然可以如此喜悅，居然可以充滿智慧，這不是非常奇妙嗎？以一般的標準來說，這並非「自己跟自己」對話能夠有的經驗，可是如果說這是「與神對話」，很多人又要覺得懷疑，這不是很矛盾嗎？你們究竟想要怎樣呢，哈哈！

（有人突然打電話來找我）

我的孩子，你不要怕被中斷，你只要記得繼續把所有內在的對話都寫下來就對了，這樣你就會滑入這個流當中，我們又將恢復對話了。

但我想並不是每個人只要拿出一張紙，把所有內在的念頭都毫不保留地寫出來，這樣就會開始「與神對話」了吧。

是這樣沒錯，不過老實說，如果他眞的能夠一直這樣做下去，有一天自我對話也會轉變成與神對話的。原因是，毫無保留的書寫是非常困難的，因爲這需要很多的勇氣去面對自己，當你眞的非常細心且誠實的、毫無修飾地將內在所有的想法盡可能快速地寫下來，你便開始將覺知的光照帶進了在你內心阻塞的各個地方。就在這個時候，你將會開始流動，能量在你的內在不再淤塞，而當你流動的時候，你的頻率是明亮的，接著你必定感覺一股喜悅開始發生，這時候就是神進來了。如果你內在的流成爲明亮且順暢的時候，你可以試著與這股流對話，你會發現你所寫下的心念對白開始變成了「與神對話」，就像你現在呈現的這樣。

（又有電話，這次我將它關掉）

我到這裡又中斷了，而我的方式就是再度將內心的念頭都寫下來，而不要評斷它們，我發現只要這樣，我就能夠再度進入這個發亮的流中。

是的，沒錯，就是這樣，你會漸漸熟悉的。

我想繼續剛才的問題，只要大家簡單地把內心所有的念頭都寫出來，直到一切都流動無礙時，就能進入「與神對話」模式嗎？而且又怎麼證明這是「神」在回答？

後面那個問題我們稍後再回答，因爲它太大了。我們先回答前面這個問題。的確，很多人並不能夠因爲只是簡單地寫出所有念頭就能進入「與神對話模式」。原因是必須有一個**發亮的流**在那兒，而只要疏通幾個堵住的念頭，就能繼續順暢地溝通。這必須是你的煩惱障礙比較輕，而整個人平常就處於比較放鬆和喜悅的狀態。這也就是爲什麼你可以很快進入這個模式的原因，但這個「很快」還是經歷了漫長的人生學習。你必須穿越自己許多的功課，到了功課沒什麼好做的時候，這個流就會變得清楚了，而你也很容易進得來。即便還有一些念頭的阻礙，但因爲你對念頭的把戲已經比較嫻熟，你能較快的放鬆，這很重要。

我又有一點卡住了，不知道接下來要說什麼，但就是現在，我又回到絲滑般紫色的能量之流當中。我現在有一點意會到，現在的意識狀態很像是進入睡眠之前的放鬆階段，有一點……有一點像是用潛意識在對話。

是的，是像這樣沒錯，但你的潛意識必須調到這條發亮的流裡，那麼你的對話才會是「與神對話」，否則它可能是其他層次的對話。這裡也可以說明另一件事，那就是：一個人需要內在散發出對等的芬芳，這個發亮之流，也就是神的能量才能進得來，而且是穩定的進來。就像你現在也還在練習穩定。然而對於某些人來說，他的內在環境還相當欠缺整理和打掃，**神是不會進入一個容易讓自己摔得狗吃屎的內在空間的**，哈哈！這意思是，如果這個內在空間容不得神的發亮之流進入，那麼就只能有吉光片羽的神之氣息、神之喜悅、神之靈感片片斷斷、忽明忽滅的出現，於是它無法構成一段對話，甚至這個人都不會知道神到來了。

所以我想問的是，那麼如何經驗到「與神對話」？

這有時候需要你一生的努力，孩子，不是嗎？你不就是這樣嗎？不過大家看了也不用覺得很難，因爲很多時候你們已經在努力而自己並不知道，等到成果累積出來的那一天，你回頭去看，才會發現，你這一生的各種際遇都是爲了認識神、認識神的存在，以及與神對話，以及與神合一。其實你們有在努力。而且，你做得比你自己想像的好太多了，因爲歸向神是個完美的計畫，你不會弄錯的。

當然我還是願意具體的去說說這樣的發生需要些什麼樣的歷程。首先第一件事就是：你得相信神的存在。事實上，光是這一點你就花了非常非常久的時間。每個人不一樣，而你（章成），花了很久很久的時間才解開了一個對你而言一直困擾的疑惑，那就是：我怎麼知道這是神？而不是自己的念頭？

是的！這就是我問的第二個問題，其實我現在已瞭解了，但我需要把它分享出去。

是的，可是這需要一些體力，哈哈！我是說一些打字的體力，因爲如果要細細地分享的話，可能要說很多。

沒關係，這本書才剛開始，我還需要很多字去填充，請儘管說！^^

你累了。

是的，所以我有點猶豫要不要繼續，雖然這樣真的很過癮，我從來沒有寫一本書是如此飛快地打字，而且不必一遍又一遍重讀我已經寫過的段落，能夠幾乎不用思考地寫書實在是太棒了。

# 2 你怎麼確定一朵花，沒有為你帶來永恆？

*2011.02.11 22:00*

我愛你，以馬，我愛你，我心喜悅著，因為我知道你在，其實你在。

這是個很好的開端，我的孩子，過去你曾在書上看過，說我存在，不管是以指導靈、高我、神、天使等等的名義，但是，是什麼讓你現在能肯定的說你知道我在？讀者們會很好奇這個，而這也就是那第二個問題。這很有趣，其實應該由你來回答，由你來分享你的歷程。

是的，以馬，我知道你在，現在我可以非常肯定的說這話，雖然我還不是很習慣，真的，我的內在還是有一個部分覺得很不習慣，有一點恐懼，覺得真的很瘋狂。然而，我能確定你在，是因為我確實與你對話了，就是這樣，還會有什麼原因？

但爲什麼這不是普通的自我對話？爲什麼這是與神對話？爲什麼我是神？

這不是個容易一下子回答的問題，但原因不在於我，而在於讀這書，或是內心懷著疑問的人。好的，我知道該怎麼說了，因為我也曾是懷著疑問的人，這個問題該從這兒開始。

首先，根本沒有所謂普通的自我對話，只有各種層次的意識對話，當你明白自己也不是「一個」自己，就會明白神也不是「一個」神。這是個要點，**如果你在找神，你必須知道神不是「一個」什麼東西或人物**，如果是這樣的話，就會引發許多紛爭，這就是這個世界會有宗教戰爭的原因。抱歉，如果我再這樣說下去，好像就沒有祢說話的餘地了，因為我知道我即將滔滔不絕。

這不就是與神合一嗎?當你說「你」、「我」時,不就等於又把我想像成是「一個」什麼東西了。真的有「你說」和「我說」的差別嗎?

其實沒有,我就是因為領悟了這個,才能夠開始與神對話的,也才真正瞭解神是什麼。

那麼這裡面是不是就暗示了,或許人們根本就有與神對話的經驗,但是由於他們對神持有特定的定義,所以他們會說:不,我們無法與神對話,但我們想要!

哈哈!是的,從某種角度來說確實是如此。就像那個大家熟悉的網路故事:有一個村莊遇到了大水,牧師爬到教堂屋頂向上帝祈禱說:「神啊,請救救我。」後來慈濟人開著小船向他招手說，我們來救你了！結果這位牧師拒絕上船，他說：「不，我的神會來救我，我不需要你們。」後來慈惠堂的人也開著小船來救他，牧師也拒絕了；最後是清真寺的人乘船經過，也呼喚他上船，都被他拒絕了。最後牧師真的被大水淹死了。到了天國，他很生氣的跑去找上帝說：「我這麼虔誠向您祈禱，結果別人家都有船，為什麼我們家沒有？結果我淹死了，好難看耶。」上帝說：「什麼別人家我們家，哪有這些分別？那都是我派去救你的船，你都不搭，還怪我？」

哈哈，我喜歡你竄改故事的幽默感，這樣確實讓我們所要傳達的意思變得更清楚。現在我想你可以更進一步的說明。

我愛你，以馬，是的，讓我開始滔滔不絕一下。如果神不是「一個」

什麼東西，那神會是什麼？很多人每天都在向神祈禱，卻從來沒有真正想過，神是什麼？神有可能是一位什麼人物嗎？如果祂是在你之外的一位，那麼祂與你之間豈不是有距離了嗎？那麼當神靠近你的時候，不就距離地球另一邊的人更遠了嗎？會是這樣的嗎？

我想人們會說，神有神力，神力無遠弗屆。

啊哈！太好了，被我抓到了，所以「神力」不是「神」？是這個意思嗎？是說神是一個跟你有別的什麼，然後站在一個遙遠的雲端上，透過神力來接觸你，是這樣想的嗎？

是的，我想一般人多少是這樣想的，而且他們也是這樣去想像天使、菩薩、佛或指導靈等等的存在。

我還是要重申這個問題，所以，「神力」不是神？

我似乎聽到人們在說：「爲什麼突然這麼問呢？認爲神有神力不對嗎？神力是神的力量，就像我的肌肉能夠發出力量，有什麼不對嗎？」

除去神的力量、神的思想、神的話語，你去哪裡找出個神來？就像，除去陽光變暖、草木變綠、蝴蝶破蛹而出……除去這些，哪裡有春天？為什麼神能夠無所不在？因為神就是神力，無所不在的神力就是神的本身。神根本不是一個「位格」，神根本不是一個「自己」。

這裡有一點跳，你如何確定這個？

因為當我領悟原來我也不是「一個」「自己」，我才會發現這驚人的事實。雖然很多人相信神無所不在，但那只是相信，不是真的瞭解。我發現你必須瞭解到自己並不是「一個自己」，才能夠然真正地看見神。

我愛你。

以馬，我也愛你，我很愛你，謝謝你，我知道你是誰了，我終於知道你真的存在了，因為我現在所接觸的感受，就是神，就是天使，就是菩薩，就是佛，除此之外沒有別的了。而這其中也沒有高低。在這裡我又可以繼續地說下去了：

很多人信仰神，卻不真的覺得神又真又活，那是因為他們認為，神是一種發著強大光芒，散發出破表的愛，以及將會做出實現願望之類的奇蹟事件的存在。因此，如果神透過一朵小花，成為喜悅的心情悄悄滲進一個忙碌的人的心時，那個人只會說：「唔，不錯看捏。」然後匆匆走過。那個匆匆走過的動作如果翻譯出來，就是說：「這朵小花是不錯，不過對於我想要的來說，還差太多了，我得趕快上市場去要更多、更大的。」從某個角度說，人們認為能給他們很大的、超大的，任何人都不能給的東西的，才是神，或說就是神。君不見有的人在別人幫他修好電腦的時候會說：「喔！你是我的神。」你不會稱一朵花是神，因為還有千千萬萬朵花，甚至還有更漂亮的花！這朵花算什麼呢？能夠帶給我美感與喜悅的花，還有無數多的其他的花，這朵花怎麼能稱做神？連稱做是「花之王」都還差得遠了。

顯然，你看，從這裡又可以印證，我們認為神是「一位」，而我們試圖找出「真正的那一位」來接觸。可是除去千千萬萬的花朵以及一切美好的事物，以及在人們心中點點滴滴也許不算大的幸福或喜悅感，把這些都拿掉，**還剩下什麼？人還能「接觸」到什麼？**

有啊！我們想接觸那個「最大的」喜悅、「最大的」平安、「永遠的」平安，如果這個給我感受到的話，那鐵定是來自神了。

但是當神派慈濟的船來救那位牧師的時候，這艘船足夠救他的命，完全符合這位牧師祈禱的內容，但為什麼不是來自神？

因爲它應該來自教會，而不該來自佛教機構。

所以，如果神給你你需要的，卻被感受成你不要的，那麼這究竟是對神堅定的信仰，還是根本不認識神？如果神給你一朵小花，你卻說那裡面沒有足夠的永恆，所以你急著前往教堂，這不就當場把神撇在路邊了嗎？向神乞求，有沒有可能等於是對神最微妙的否定？因為人等於是在說：「喔，神啊！我發現有一些我的需求你都沒看到耶，我要很誠懇的提醒你啊！我需要的是一、二、三……」這真的很不可思議，一個人一邊說神是全知全能的，一邊又老在擔心神不能安排好所有的事。所謂的祈禱，就好像神力還沒有達到你這裡似的，就好像神還不知道你要什麼似的，也好像現在你有的不是神給你的，或給的還不夠似的。

呵呵，我的孩子……但我想人們要說的是：我們想要找到永恆的平安和富足，我們想要找到不打折扣的「一切具足」，我們知道世上沒有事物能帶給我們這個，所以只有神或佛了。

**但他們怎麼確定神沒有透過一朵花、一杯水，神沒有透過每一個「當下」帶給他們這個？**如果神有，但人們感受不到呢？如果是人們缺乏感受力呢？那麼顯然人們將繼續追尋，追尋一個模模糊糊的巨大數字，一個連自己也說不清楚怎樣才夠的存款數字；或追尋一個模模糊糊、連自己也說不清楚到底長什麼樣子的神。這根本就是一種投射狀態！因為你有一個巨大的需要，就寧肯相信有一個萬能的神。

很多人會說，不，神不是我們的想像，祂曾經回應我，祂曾經救我，祂曾經啓發我……我從這證據，知道神的存在，不是因爲投射。

是的，這些都可以證明神的存在，但重點是，很多時候，甚至更多時候人們是認為神不在的，所以他們要透過儀式、透過祈禱、透過各種作為，把神「叫出來的」，這不就像在說：「神啊！我知道你存在，但大多時候你在天堂，沒來我身邊，所以請快來這裡簽到吧。」

以馬，我愛你，謝謝你，今天就到這裡。

# 3 跟隨神！別利用神

2011.2.14 21:30

親愛的以馬，我願意無所求的分享這一切，我願意開放自己，去享受這一刻的一切具足。而當我誠摯地這麼說時，我感覺到了內在的甜美，我感受到心口有一股喜悅之流湧出，到了我的喉際。當下是一切具足的，當我覺醒過來的時候，感受到的能量就如同強烈的光，卻不是來自於任何事物，它是沒有原因的，只能說是本自具足的。如果一個人能夠體驗到只是透過相信這一刻本自具足，就足以產生極大的喜悅，那麼他將逐漸不再害怕外在一切的變動。倘若他能停留在這喜悅久一點，他會觸及他生生世世所追尋的，那「擁有一切」的感覺。那麼他將肯定，神不在於過去所追尋、所需求的一切裡，並且「當下一切具足」，是完全沒有條件的。

是的，親愛的孩子，如果是這樣，這算不算是找到了神呢？

絕對的，以馬，這就是神的本尊，沒有名字，沒有性別，沒有解決問題，只有光明和喜悅。

所以你說找到了神，是指這個嗎？這樣的神會說話嗎？你正在與這樣的神說話嗎？

是的，這就是我所找到的神，這份當下的圓滿具足，無所不在，我曾遺忘了祂，但祂從來不是一個與我有距離的存有。而祂會說話嗎？當然，當你用一個人類的語言架構去撞擊這份光明，祂也能化為語言；當你用畫筆去撞擊這份喜悅，祂也會化為圖形；當你用音律的架構去撞擊這份充滿，祂也會化為音符。我正在跟神說話，這是確定的。現在我終於明白了，任何一個光明的想法、任何一個愛的念頭、任何一個放鬆的行動，都是神力的表現，也就是神的本身。你也許可以說，一顆巧克力所帶來的喜悅是一片「神的衣角」飄過，但那確定就是神，再也沒有別的。我希望大家記住，這就是神無所不在真正的意思。如果你能這樣認識神，你才會開始停止你的尋找，你才會開始停止錯過神，你才會開始就在「當下」去感受神。神不需找，而需要去感受，感受什麼呢？**感受每一個當下你都可以享受生命，那麼真神就會顯現。真神就是當你能在一個看似平常的片刻，感受到沒有缺乏、感受到平安、感受到忘記了自己的人生戲劇，那就是真神的顯現。**

我愛你，以馬，我感覺好像沒什麼可以講的。當我閉上眼睛，我感受到你的光明閃耀著，充滿著愛，那種紫色與白色的光，無比美麗、細緻地顫動著，是那樣的全然充滿理解與愛的能量，我感覺是如此地被愛，以至於想哭了呢。

以馬，我發現我一直想說「我愛你」，這樣讓我的內心悸動，並且更加與你靠近，因此我發現，似乎過去我一直不敢說我愛你，我的內在有一種「否定」在那兒，而當我說「我愛你」時……

那就代表你願意承認我了。

是的。

是的孩子，你一直在懷疑說，有那麼好的事嗎？這一切會不會是自欺欺人？人生有那麼甜美嗎？我會不會像個愚蠢的笨蛋，「相信神」是還沒有長大的一件事吧？就像相信聖誕老公公一樣？

是的，很多書都說你在那兒，事實上我又希望是真的，又想要否認，這裡有兩個我，一個在追尋，渴望著體驗神，可是另一個卻叫自己清醒清醒。事實上，有很多時候，尤其當我無法順遂的時候，我真的會想，這一切是不是我在騙自己，我會不會其實是個大傻瓜？

那麼，現在呢？

哈哈！我知道這也是很多人私底下的心情，即便他們在別人的眼裡，似乎很相信天使，很相信神、指導靈、菩薩等等的存在，儘管他們嘴裡是這麼說的，但心裡還是有懷疑。尤其是在人生不順遂、努力的祈禱卻沒有得到回應之後……

是的，甚至是他們經過了占卜、祈禱、冥想，覺得自己得到了上天的指引，卻又在事後發現事情依然沒有起色，甚至更不順利的時候。那時他們雖不明說，卻對神、對指導靈、對他們所信仰的力量，感到灰心。人們不會承認說自己對神感到灰心，但他們展現出來的消極性實際上就是這個意思。

哈哈！你這樣說很多人可能感到尷尬了。

我的目的不在讓他們感到尷尬，事實上上述也是我的經驗。

那麼現在的你有新的領悟了嗎？

當然，現在我瞭解到，當你想要「利用神」的時候，你常常會錯過神，你常常會找不到神，只有當你願意「跟隨神」的時候，真神才會常常顯現。

這是什麼意思呢？

一般人想要信神，是因為想要利用神，他們低頭禱告，卻是為了昂頭闊步想在人間贏得榮耀。簡單說，就是滿足自己身為一個人類的所欲所求。無論他們如何透過儀式對神表達出無比的尊敬和崇拜，實際上這是一種利用，他們試圖將神「降」到自己的層次，他們要求神給自己要的東西，**那他們的層次是什麼呢？就是叫神一再滿足那個永遠滿足不了的心**。這樣的話，實際上就像是自己用欲望的眼罩，將自己遮住了一樣，是看不到真神的，他們看到的，必定是較低意識層次所產生的幻象。這就是為什麼宗教產生了如此多的衝突，因為宗教發展到了後來，充滿了人類欲望的投射，對物質、對權力的投射……可以說，一開始各式各樣的神是由不同的文化符碼撞擊出來的，但之後就是欲望撞擊出來的，所以才會產生如此多的爭端，譬如，神會搶信徒嗎？可是看看現在的宗教和所謂的大師吧?!所以佛說，這一切都是幻象。如果執著以形象來定義佛、以聲音來尋找佛，那都是「人行邪道」，見不到真正的佛。（《金剛經》：「若以色見我，以音聲求，是人行邪道，不能見如來。」）人行邪道的意思，就是以私欲去尋求真神的回應，這是不可能的，但仍然會得到回應，因為宇宙間永遠會有所回應的，而可以回應私欲的，就被看成了神，這就是後來的神。現在的神，變成是大家投票決定的了。

「跟隨神」，才能夠常常看到神的顯現。「跟隨」的意思是什麼？不就意味著先放下「自己」嗎？但是「自己」是什麼？如果沒有仔細觀察自己，又怎麼會觀察到這個自己是如此需要「放下」的？

……以馬，這是一個很困難的話題，我可以先放下嗎？暫時談到此。

可以的，我們順著這個流走吧，最重要的是你內心的甜蜜。

是的，那是愛的甜蜜。如果對別人說清楚變成一種必須，那麼當下我就不再享受生命了。

嗯，是的，那你也可以休息一下，換我來講。

# 4 大轉變的世界，做正確抉擇

太好了，以馬，我想請你談談我們人類現在的世界，正在經歷大轉變嗎？

這個世界在我來看，正處於一個很關鍵的時刻。這有點像是一個孩子已經到了產道口，孕婦即將臨盆的狀況。對我而言這是個喜悅，眞的！沒有什麼好擔心的！這是個非常特別的時刻，眞的很特別。我要告訴你，現在世界的狀況，或說地球的狀況，在宇宙中就像一個很動人的故事，到了精采大結局一樣。好多東西都將解開，而從裡面綻放出光芒來；愛已經熟成了，這個地球即將綻放出無比的喜悅。

其實，就很像現在的你一樣，雖然你還沒有完全活在光裡，但你已經意識到那個完全的光了，而且清楚到就像接下來要以拋物線的方式揚升的勢頭，這點在你身上愈來愈明顯了。可是你看得出，這是你人生所有歷程的一個熟成時刻；你已經感覺到，過去所有的經歷都是爲了促成現在；並逐漸要眞的「不回頭」地融入那意識的光裡的那個未來。現在地球也像在這樣的一個時刻。

你們知道的，你們可以問問題，但聽答案的時候，要準備「跟隨神」，這就是正確的方式，讓神把你從你的問題層面揚升。如果你問問題，然後只想要「我的問題得到答案」，那麼就是滯留在自己的層面利用神。

我必須解釋一下，這是因為你已經知道我打算要問更多問題，於是你在回應之前，先提醒我們。

是的孩子，你可以感受到我的愛，愛是爲了引領你們到更純淨的國度，在那兒，你們會有更高的視野去看待事情。

在這個新地球即將誕生的時刻，我們每個人該怎麼做？我想先問一個大原則好了。

大原則就是，**無論發生什麼，都不要讓你的心跳到恐懼的能量中泅泳**，因爲在那種泅泳中，你們會把自己的能量耗盡，結果哪裡也到不了。你們要認清楚一件事：任何在不安中抓住的東西，都會被你自己視爲「浮木」，所以你也不可能保存你的能量，你將會再度失去它。這裡很微妙，請注意我是說，任何東西都會是「浮木」，是因爲你的出發點是「不安」。也就是說，你將會進入一個幻象的世界，在裡面有許多好像有幫助的東西，卻都會成爲海市蜃樓。**但是如果你試著練習回到平安中，那麼你就能真的分辨出，何處是你在這份平安當中真正想要停留的，然後，你就選對了地方！它將不會是浮木，而是可以帶給你滋養的選擇。**然後接下來，會有另一個在你的平安中你會悅納的機緣前來敲門，而你就接受了，於是進展到了下一步該去的地方，或做下一步該做的事。

看出來了嗎？在這歷程中你並沒有「掙扎著向前」，你也沒有委屈你自己乞求什麼，你一直處於平安和放鬆的心境當中，你不是在泅泳，而是讓一股流帶著你漂游，眞的就像你在遊樂園玩漂漂河的感覺一樣，整個過程都在享受，你是在享受生命的。

在你的周遭會有很多出於不安而來的意見和想法，這些通常會以物質世界各種合理的預測與數據來顯現，**但是唯一判別你應該做什麼或移動到何處的標準只有一個，就是你那顆已經能夠享受生命、並且感到喜悅的心，想留在什麼地方？想做什麼呢？**

這裡有一個非常需要注意的，就是：請以「你那顆已經能夠享受生命，且感到喜悅的心」去感受判別，而不是用你缺乏安全感的頭腦去想像

「做這個或做那個、到這裡到那裡、哪個我會喜歡」，不是這樣的。

頭腦會尋找安全感，從而在想像中感到喜悅，因爲它放鬆了。享受生命的「心」則會嗅出何處或何事存在著生命的滋潤與養分，這是不一樣的。當你學會分辨「安全」與「滋潤」的不同，你要選擇的是「滋潤」。

以馬，謝謝你，我在被窩裡的時候，還要跟你說著悄悄話睡覺，但現在我得要離開我的電腦了。

你知道的，對於你，我只有無比的溫柔的愛。

# 5 做最獨特的自己，才能看見活生生的神

*2011.02.17 21:30*

親愛的以馬，今天我度過了不可思議的喜悅的一天。你知道的，我擁有一個不可思議的下午，喝了一杯充滿幸福的咖啡，並且看到粉藍的天空襯在剛發新芽的台灣欒樹；那不可思議的交錯枝條後……紅得發亮的沙漠玫瑰、寧靜美麗的小睡蓮池，還發現一棵黑板樹的樹洞裡養著另一株它的寵物樹……太多太多不可思議的美和喜悅，還有能夠和我在一起經歷這全部的M……以馬，現在我的心充滿著喜悅的光亮。我不知道還能跟誰分享，很想跟你講。

親愛的以馬，我愛你，我可以感覺到你的光輝在我右胸口的位置不可思議地流動、放射著，粉紫色的靈性之光、還有金色的聖潔……祢在對我微笑著……

孩子，除了說我愛你，我還能說什麼呢？你必定感覺到了吧！其實欒樹在說什麼？沙漠玫瑰在說什麼？粉藍的天空在說什麼？它們說的跟我是一樣的，也只有這一句話，除了這個還能說什麼呢？那些不可思議的美，超越了人所能架構出來的任何複製物，這些精巧到不可思議的組合，卻不可思議地是活生生的，而不是死的！爲什麼它們的美能讓你如此喜悅？美是什麼？**美就是神在對你說「我愛你」**！如果美只是美，你怎麼可能感到如此喜悅、平靜與滿足？因爲美就是神正在毫無保留的對著你大喊：「我愛你!!」

爲什麼你會說這些美如此不可思議？因爲你察覺到，沒有任何的人類複製物做得出這種活生生的、充滿生命卻又極爲精巧、不斷在變化卻又從最小到最大都充滿了規則的美！**其實這個意思就是說，沒有人能製造出這種愛，這種愛是無與倫比地完美！這就是神的愛。**

因此，當你愈能感受到大自然一草一木的美，你就等於愈能感受到神的愛；而大自然的美是沒有窮盡的，眞要去想的話，你眞的會暈倒過去，你會被那種不可思議的喜悅炸掉。所以你知道神有多愛你？這絕不是一種浪漫到爆的羅曼史台詞，**當你感受到大自然無一不美時，你會在一種靈性的直覺中瞭解到，你是多麼被神深深地愛著。**

親愛的以馬，是這樣的，我體驗到了。而另一方面，今天在經過一片超美麗的綠色山坡時，M說：你可以帶學生來教他們這樣去享受，這也會是一種課程。而我說：沒辦法，他們無法像我們這樣感覺。親愛的以馬，其實我多麼希望所有的人都能感覺到那份感覺，但我卻真的覺得很困難。有多少人能瞭解，連佇立在街頭的一塊工程公布欄上，被撕掉的公文紙還黏在牆上的一小片殘紙在風中輕輕顫動的樣子，也是極為神奇而美麗的！我真的為之停留，M也拍下了那一小片殘紙的畫面。但是，就算把這張照片登上部落格去，又有多少人瞭解那裡面真的有美，而且是不可思議的美！

親愛的孩子，當你這樣想的時候，心裡是什麼感覺？

以馬，我現在能夠辨認出來，這是一種消極性。

這樣的感覺美嗎？

美與喜悅，或說光明的強度就下降了。

嗯，是啊！那麼現在我們來爲讀者做個示範。如果你現在專心的去感覺我，那麼從我這裡，對於你這個消極性的心念的陳述，會有什麼話語流出呢？

親愛的以馬，我愛你，我愛你，當我願意說我愛你時，我就感受得到你，我願意承認你的存在。你活生生地就在這兒與我對話。

是的，孩子，在我的字典裡沒有「很難」這個字，原因是因爲**我根本不去想這個**。我只會想，我這麼喜悅，那我想做什麼就做什麼，並沒有一個「任務」是我要讓別人也來瞭解的；我只是喜悅，這裡面沒有任務，沒有之後該怎樣的任務，因爲沒有「在喜悅之後」。你必須回到「喜悅」，喜悅之後還是喜悅，你只要這樣就好；因爲這樣，你就會有你的芬芳，而**你要把別人能不能聞到這芬芳的任務留給別人**。這就像沙漠玫瑰全心全意地紅得發亮，就只是這樣！沙漠玫瑰只需要做這件事就好了，如果沙漠玫瑰一邊在想：要如何讓再多一點的人能停下腳步呢？哎呀！爲什麼這個人又匆匆走過了！那麼沙漠玫瑰就開始變得黯淡了。

當你切換到我的頻道，你會發現一切都非常簡單，生活眞的是很簡單的事，你唯一需要做的只是繼續又繼續地享受生命，一直又一直地喜悅下去。你看，這是多美好的任務呀！根本就不是個任務了！因爲神就是這樣在生活的，神的任務只是超開心的不斷對你喊著「我愛你！」就這樣，眞的，從以前到現在祂什麼也沒有做，就只是在那裡超開心地，用毫無保留、最極致的方式，也就是無處不在地以所有的事物——包括一張小紙片——在那裡無止盡地愛你。

親愛的以馬，我相信有些人可以從這裡看到，我是如何為我自己說話又為你說話，我毫不保留地呈現這切換頻道的祕訣，那就是：第一，相信你正在現場活生生的存在，我不需要透過任何文化上的形象、概念，亦即回到記憶的意象去Match你，我只須先用這句話敲醒我的頭腦狀態：「神是活生生的，就在**現在**!!接下來，第二，我願意說，神，我愛你！這種「說」，不是帶著懷疑的雲霧在意識的背景，而是就好像一個真實的人在你面前，而你就看著他對他說：「我愛你。」只要這樣，我們就能連結神的頻道了。總之，「相信」是唯一的關鍵。「相信」就能發現，而發現之後，就不需「相信」了，而是需要慢慢地變得更加「熟悉」。

而是的，回到剛剛祢的回答。祢並不是去「回答」我的問題，而是透過回答，把那個懷著消極性的我丟掉了。**經過你的回答，我變成了另一個人——一個重新「覺醒」到神的意識裡面的狀態的人**。在這狀態裡，在神的狀態裡，就不會有那個問題，並且非常清楚自己不需要去擔心。這就是真神在回答人問題的方式，它不是邏輯的，而是跳躍式的，這就是禪的方式。

親愛的孩子，所以你可以瞭解了嗎？當你在寫這些對話的時候，多多少少你還掛念著這些文字要成爲一本書該考慮的溝通性或者什麼的；但是對我來說，我會邀請你放下這些掛慮和計算，只要當作兩個很喜悅的人碰在一起聊天、對話就可以了，這個聊天的過程應該是我們兩人在享受著不可思議的人生，就像你去散步賞花一樣。至於讀者，他們就像旁聽的人，你就讓他們去照顧他們自己吧！你自己要享受地、開心地和我交談。有的人因爲覺得我們的聊天很有趣，就會來圍觀，就隨他們來來去去吧！這完全就像一朵花開的時候，不可能會去想著別人能不能看得懂他在開花，管他的！

嗯，這幾乎是一種習慣，以前我會說這是我的「溝通性人格」，就是不管講什麼、寫什麼，都會一直考慮別人能不能懂。甚至我會想說，我該替大家問你些什麼問題呢？

哈哈！當你想著「大家」時，自己的獨特性就不見了。你不是一直很想感覺到自己的「獨特性」嗎？但是我可以說，以前的你錯認了所謂的「獨特性」了！因爲以前的你所渴望的獨特性，意思是：「在別人眼裡會覺得獨特。」天啊！你看不出這裡有個大漏洞嗎？如果這個獨特還是「大家覺得的」，那麼還算是獨特嗎？那可見你要的根本不是「獨特性」，要的還是大家的認同嘛！所以，眞正的「獨特性」是你的意識裡沒有「別人」或「大家」，**當你以單純的心去享受你的當下，你享受的方式就是獨特的！**那是眞正的獨特性。你知道嗎？即使原野裡已經有了一萬朵波斯菊，也不會有一朵新來的波斯菊花苞說：「OH MY GOD！我已經『聳』掉了！我不要做波斯菊。」只有人類才會說這種話，可是，這種顧慮著觀眾的獨特性，根本就不是獨特性。

我懂了，所以我不要去管說，如果以馬在這兒，別人會想知道什麼，別人會想問你什麼，我該怎麼「利用」這個對話去滿足別人的所需？因為這樣的話，我首先喪失掉的就是我的喜悅！因為我應該想的是，我想要跟你有些什麼互動？當我把「我想」去掉，而認為我在「分享」時，實際上當下的喜悅程度已經降低了，因為我偏離了當下的我真正想流動的方式。譬如說，搞不好我只想說「以馬我愛你」，搞不好我只想無言地感受著你，而那才是當下我最享受、最能讓我喜悅的方式。

對的，孩子，非常非常的正確。因爲如果你開始去顧慮著別人，即使你把這用一個好聽的語言說是「分享」，但實際上，你的喜悅在當下就會降低了，而在這樣降低了的頻率上，你就搆不到我的頻率了。還是會有對話，可是那將會變成另外一種層次的意識之流的對話——它將不會如此純粹，如此光亮。而這個層次的移動是可以滑順地在不知不覺當中發生的，也就是，就別人看來，這些對話仍然流暢地，甚至更合乎邏輯的在進行著，但實際上它的層次已經在下降了。

我明白，再次地，這就是「利用神」而未「跟隨神」的意思。事實上，一旦我們想要「利用神」時，我們和神的聯繫已經滑開了。

讓我們的對話成爲讓你自己開心的一件事！永遠把喜悅放在前提，因爲當你眞的感覺喜悅時，你就是和神連結的，因爲**喜悅就是有被神愛到的證明**。

被人愛到也會喜悅的呀！

是啊！但那個對你施愛的「人」，在那個施愛的當下，就是「神」。如果這個你不能接受的話，那說是「神的片段」應該比較可以接受吧！

我可以接受的，因為我已經明白了，其實「自己」也不是「一個」自己。當我們恨的時候，那就是魔鬼；當我們愛的時候，那就是神；當我們說中文的時候，我們就是中文的意識之流……這裡也就可以解釋之前還沒有說到的一點：「**當我知道自己不是一個自己時，我也知道神不是一位神。**」

其實我們只是沒有邊界的意識之流，我的念頭從來不是「我的」，因為沒有「一個」我。所以，神也不是「一位」，然後我便突然間明白了，原來我以前不敢肯定有沒有神，是因為我以為我必須發現有別於「我自己」之外的「某一位發光發亮的偉大人物」，而由於我一直沒有這種體驗，所以就覺得我並沒有體驗過完整的、真正的、實實在在的神。

現在你應該知道，如果你眞的有這種體驗，這種體驗反而必定是幻象、必定是投射了吧！

哈哈！是的，其實我一直在禪修，所以對這種想法其實也一直融不進去；但我必須誠實的說，另一個部分的我卻還是保留著「神是某一位」的信念。而且也因為這樣，使自己對於「神」的真確性存在著疑惑。

**直到你終於瞭解「神不是一位」之後，你就看見真正活生生的神了！**

對的，神就是風吹過來的一陣喜悅、花送過來的一股驚奇、藍天和樹枝揮映出不可思議的美麗、任何一個在我腦子裡跳Tone的正向思維，都是神的本尊！都是本尊！絕不是什麼「神的力量」或「神的分身」或「神的影響」或「來自神的靈感」，不是的！這就是活生生的，神的本尊!!

哎呀！我很高興我能正確地說出我的領悟了。除去這些，你絕對找不到神！神不是一個跟你有距離的源頭，在那裡發著光，用他的神力去接觸你，不是的，神是「無處不在」，因為祂就是一切！然後因為祂就是一切，所以祂也不是一切！如果祂是菩薩，那就不能是天使；如果祂是春天，那就不能是冬天。但正因為祂不是一切，所以才能一切是祂！

所以與神對話是怎麼達成的呢？

就是把關於神是「一個」以及自己是「一個」的想法拿掉。這個想法拿掉，就是與神合一了。如果你真的試試看這樣去生活一下，那怕只有短暫的幾秒鐘，你也會發現，當你自己空掉的時候，你將直接與神合一。而進入神的意識時，萬象都是空的。你要說它們存在也可以，說它們不存在也可以。

親愛的以馬，這個時候，我不是喜悅的，而是平靜的。在合一之時有喜悅，合一之後，就像虛空一樣了。

# 6 活在當下的奧義

*2011.02.22 22:51*

親愛的以馬，當我這樣呼喚你時，一種無言的平靜……我找不到字彙形容說你是怎麼來的，就這樣來了！不在左邊、不在右邊，也不在上邊或下邊，說是在心裡頭也不對，是整個就這樣出現了。我並不能在某個特定的「地方」感受到你，而是整體的，甚至包括我的身體……而你也並不是一個「你」。其實當我打字或是思考時，你是會變淡的；當我停下來感受你，我無言……而你瀰漫。

親愛的以馬，那就是我和你融合在一起了。

既然享受當下是遇見真神的唯一道路，現在，我想請你談談，所謂的「活在當下」是什麼？人如何練習在當下這一刻打開心扉、享受當下呢？

喔，親愛的，別說得好像這是一件很難的事似的，其實，「活在當下」就像你洗了一個熱水澡，然後全身香香地從浴室走出來一樣，啊！覺得好輕鬆，心裡空空地沒放什麼東西，那時候只聞到自己皮膚散發出來的香氣，以及紅通通的身體溫暖的感覺。在那一刻，你並沒有做什麼，也沒有在修練什麼，就只是放鬆地在那一刻。

但是如果心裡正不愉快的時候，沒有辦法這麼愉悅，這個當下怎麼辦呢？

親愛的，就像現在當你在思考這個問題時，這裡面懷著某種憂慮，並賦予這個問題一種重要感，這想必不是個「輕鬆」的問題。現在那個不輕鬆就在你的內在發生了，那你如何「活在當下」呢？

嗯……當你這麼我問，我並沒有去思考答案，我想先去感受我的狀態……然後現在，我感受到一份緊張，一種小小的焦慮，也就是「問題意識」在我心輪的部位。那麼這時候我要怎樣活在當下呢？我發現，原來我所謂的「活在當下」，指的是一種輕鬆，沒有緊張，心輪不會有不舒服的感覺。也就是說，「活在當下」在被我的意識想起的時候，它已將之設定為一種與現狀不同的情境，所以我要如何從現狀變成另一種狀態？這就是「如何活在當下」這個問題的意思。然後接下來……我不知道如何討論這個問題了，我堵住了。

放輕鬆，親愛的孩子，只要放輕鬆就能繼續。

好好玩，以馬，我發現一件矛盾的事。當你叫我放輕鬆時，我真的就放輕鬆了，然後我就覺得我可以繼續了。但是，要繼續什麼？繼續回到那個問題，然後把它解決，是這樣嗎？我對自己這樣問著。然後我笑了，因為我放輕鬆了以後，卻要回到一個緊張中，然後再從那裡去解決它嗎？很奇怪，對於心智來說，如果沒有回到「緊張」裡去，然後逼問自己如何解決這份緊張，它會覺得自己並沒有學到東西，也就是心智會覺得，它還是沒有學會怎麼處理一個緊張的狀況。譬如現在，我可以感覺我的頭腦在說：不，我覺得我們並沒有解決了「如果情緒不好，要如何活在當下」這樣的問題。它說：「這問題沒有被討論，只是被轉移了，被忽略了，被跳過了。」

我的孩子，那麼在你的心智堅持著這問題時，讓我問它一句：「那麼你不是在問我嗎？你不是在請教一個更有智慧的存在嗎？你不是想得到祂的回答嗎？」

是啊！我是正在請教一個更高的智慧。我問：「在情緒不好時如何活在當下？」

對，你現在是在請教我，可是你問完了你的問題以後，難道不是要專心地聆聽我嗎？你願意嗎？不然這樣的對話是在做什麼呢？

好，我願意聆聽你。

好的，你如果要聆聽我，那麼你那一邊的「處理」就結束了，你現在要空出來，交給了我不是嗎？於是你便把注意力放在我身上。接下來你聽到了什麼答案？並且感覺到了什麼？

我聽到你說：放輕鬆，孩子，只需要放輕鬆。並且，我真的感覺到一個和藹無比的笑容，我感覺到那種輕鬆的能量。然後，我看到我的心智仍有抗拒，它想說：但是……好像問題還沒有解決。

親愛的孩子，現在你必須決定：你是要繼續描述你的問題，還是要感覺我的回答，而這回答不只是語言，還包括著其背後的能量。**但你很顯然地體驗到，只要你繼續描述自己的問題，你就沒有在聆聽，可是只要你聆聽，就失去了你所要描述的問題。**

是的，但對心智來說，「失去了所描述的問題」並不是解決了問題。

親愛的孩子，你的話依然在描述心智，不是嗎？

是的。

難道你沒有發現到，只要你描述心智，你就會立刻進入一種「問題沒有被解決」的焦慮感？

是的，我發現了。

那這個心智所在的頻率，與當你放下自己、聆聽我時，所感受到的頻率是不一樣的吧？

是的，現在我去感受你……親愛的以馬，我愛你……我可以感受到截然不同的頻率。你這邊就像是春天，如果我站到你這邊來，我立刻就會帶著微笑打著這些字，在你這裡是一點問題也沒有的，真的就像剛洗完澡那種輕輕鬆鬆、卸下一天疲勞的感覺。很舒服、很輕快，什麼也沒想，被愉快充滿了，也就根本不會想到什麼問題。

怎麼辦？我的孩子，所以你看出來了嗎？「問題」是無法被解決的，要不有問題，要不沒有問題。**在心靈的領域，如果你一直站在問題意識去描述問題，思考它、追究它，你以為你在試著解決問題，可是，卻不是，是你變成了「問題意識」本身。透過描述，你變成了它！而問題意識的不變特質，就是覺得問題沒有解決。**你本來想要先描述問題，再解決問題，但你要注意到一件很妙的事，**當你一描述它，你就變成它！**這就好像一個演員如果真的要去表演憂鬱症，他必須進入憂鬱症。你先進入了憂鬱症，然後在憂鬱裡面思考，你想會有出路嗎？同樣的，當你進入一個焦慮感，而堅持這個問題是個很合理的問題，而且必須被解決時，你是正在用邏輯說服自己緊緊抓住這個焦慮感，這就是你正在做的事。

所以，親愛的以馬，那麼當心情不好的時候，如何活在當下？

親愛的，當心情不好的時候，試著停止描述任何問題，包括「如何活在當下」，因爲你等於用這句話去「描述」說，你當下確實「有」這個問題、「有」這個困難，那麼親愛的，你眞的只會「愈描愈黑」。

這我可以舉個例子。譬如說，你剛剛被人家罵了，挑起了你不舒服的感覺。如果你沒有讀心靈成長書還好，如果你讀了，你就會在這個當下如此描述：「1.我被罵了。2.我此刻無法變得輕鬆，是無法活在當下，這表示我書讀了，卻沒有真懂。」如果你只是讀心靈成長書，那還好，如果你寫心靈成長書，你就會在當下如此描述：「1.我被罵了。2.我應該不懂得活在當下，不然怎麼會活在不愉快的記憶裡。3.我自己寫心靈成長書，都這樣容易有情緒，我還要教別人什麼？我真假。」如果你只是寫心靈成長書那還好，萬一你還開悟過，那慘了，你又可以加上第四條：「那我開個什麼悟？」所以你就愈來愈不愉快，在你的描述中，你會愈來愈沈重。

親愛的孩子們，**問問題並不是解決問題的好方法**。

哈哈，以馬，不覺察才會繼續問說：「那什麼才是解決問題的好方法？」

哈！孩子，我知道你不是在罵人，你知道這是個陷阱了。

是的，現在我甚至不會去想說：「所以以後遇到問題應該要如何如何……」

對的，**當你一訴說「問題」時，你已經進入問題意識了，這裡面是沒有解脫之道的**。享受生命最好的方法，就是不要把現狀當作問題看待。

那如果我負債了，每天都要辛苦的還債，可是我並不想過這樣的日子，這不是個問題嗎？要怎樣不把這個苦當作問題看待？

親愛的孩子，很好的問題，但你要不要進入我，先來感覺我是怎麼看待的。

親愛的以馬，我得到很驚人的答案，我發現我的整個存在只說了一句話：**我沒有負債！**

親愛的孩子，當你進入我——也就是你的大本質，你更深的本性時，你會很清楚「我沒有負債」。你的存在、你眞實的本質沒有負債，只有深深的平安，與一切都無關地平安，你根本沒有負債。你知道嗎？光是眞正地瞭解到你沒有負債，就是個極大的情緒上的鬆綁。而如果一個人能夠常常進入自己的大本質——也就是神性裡面，那麼對於他在物質世界裡的債務以及還債的方式，將開始由神來帶領，這裡面將有著你用頭腦絕對想不到的方式與節奏，這裡面就會出現「幸福的還債生活」。

哈哈！「幸福的還債生活」，這幾乎是人們不敢想像的。

是的，只有神敢想！在你認爲最負面的狀況裡面，神都敢有最樂觀的想法，這就是神之所以爲神嘛！所以，爲何不加入神的國度？你們又會損失些什麼呢？只不過少了一些「寶貴的問題」而已！

親愛的以馬，謝謝你的臨在，我愛你，也愛我自己，為這樣的激盪而慶祝、而感謝。親愛的以馬，謝謝你！我的愛。晚安！

# 7 做個 2012 的真正行家

*2011.03.02 11:41*

親愛的以馬，邀請我自己，進入你的國度……

在我心裡，湧現出美好的感受，而當我看著正在打字的鍵盤與指尖，我感受到一股紫色的能量流洩進來。

親愛的以馬，你就在此，我可以接觸到你。

親愛的以馬，有沒有什麼你想對我說的話呢？

沒有什麼想對你說的，孩子，只有愛，因爲一切都在很妥當的安排中，一切都是妥當的，就好像該發芽的種子就會發芽，一切都安頓好了，就讓這個歷程自然的呈現吧。

親愛的以馬，似乎社會上又開始關注所謂2012這個議題了，也開始有媒體來詢問我，但我感到有些困難去說什麼，我不知道要如何面對或回應。

親愛的，首先是回到你的平安裡來，和這份紫色的能量接觸。現在，深呼吸一下，透過吸氣，以及放鬆你的身體，將我完全迎接到你的存在中來，讓我充滿你……

你知道的，很多人雖然在問２０１２，但他們的問，跟２０１２實際是不搭嘎的，他們無法理解到２０１２的深度，因爲這是個能量的深度，如果你不能感受到那股能量的深度，你就不算眞正瞭解２０１２。

當別人問你有關２０１２，而你就卡住，那是因爲２０１２是一股能量，而不能簡化爲一則則的新聞報導。２０１２眞正的意思是：**跟隨著這股能量，它會瓦解你，重組你，它會將你融入更深層次的一體中，而你將在這個一體中漂浮、隨順，因而感受到意識的升級。**

眼前有一股巨大的能量，這股能量不能被簡化爲片片斷斷的事件，甚至不能簡化爲三次元物質世界的重新排列組合，不是這樣的，沒有這麼單純。當你感受到這股能量的深度時，你自己會被捲進去，而走進了意識轉化的歷程，你自己會有一個你的歷程。

所以從另外一個角度說，要如何眞正認識「２０１２」？就是要去意識到２０１２的這股能量。你只需要去注意到，自己是否走入了一個歷程？你現在正在一個歷程當中嗎？你是否注意到自己進入了一個意識發展的歷程？你的人生這幾年有在改變嗎？你的心境有在改變嗎？你覺得外在一切圍繞著你的人事物有在改變嗎？他們正帶著你進入哪裡？如果你往你自己的身上、往你自己的意識發展上去感受覺知的話，那麼你會意識到２０１２的那股巨大的能量之流，也許你還在這股能量的邊陲、衣角，但你仍然可以聞到那股氣息。當然，如果你是很有意識地一直在發展著你自己，那麼你會很快的有賓果的感覺！也就是你在你自身所感受到的發展方向，會跟２０１２諸多訊息所表述的大體氛圍是吻合的。

但是如果你想要更快並且更深入的走進２０１２的歷程，你就要更深入地感受這股巨大的能量，不要只是隱隱約約地感覺到，你要願意被這股能量所襲捲，讓它帶領你。這股能量有著巨大的吸引力與勢能，在其中逆向而爲的話，你會覺得內心很空虛；當你投向它，你的內在會是盈滿的，同時又被拉向更深的盈滿。

如果形容這個世界是一潭洗手槽裡頭的水，現在那個塞子被拔起來，然後就從槽底開始形成一個漩渦，所有的物質都開始被這個極大的吸力襲捲下去。想像如果在這個向下的大漩渦水流中有東西要逆向游泳，它必定感到精疲力竭並且很辛苦；然而放鬆跟著向下的東西必然輕鬆，又感受到自己的速度突然變得很強大。這就是２０１２。

所以談到２０１２，究竟你要分享什麼？我想你分享這個就可以了。

是的，親愛的以馬，你說對了，這才是我真正的感覺。而我現在覺得，我可以面對媒體了。非常感謝你！

親愛的以馬，那麼，很多人，也包括我，會去關注世界的局勢，我想從裡面看到些什麼，我也期待著大規模改變的發生，我不希望……或說我很期待那所謂文明的大蛻變……我不希望只是少數個人的意識轉化，很希望看到世界乃至地球整體的提升。對於這種心情你是否有評論？

地球的轉化確定是在發生的，而這是大規模的，整個地球的。現在整個地球都被愛的能量包圍了，親愛的，你們沒有別的出路！或許這對你們的自我來說，是尺度太大而難以置信的事，這也就是爲什麼大多數的人不會眞正去正視或是去意識它。所以這樣的整體的巨型事件就成爲了自己生活的背景，一個不太去注意的背景，取而代之的，是對許多個別事件的注意。當然，也有很多人透過串連的這些個別事件，感受到這個世界、或說整個地球的確變得不尋常，但這個「不尋常」卻變成了負面的意思，因爲他們用肉眼蒐集到的都是災難和變動。他們不懂得用「能量」去蒐集訊息，他們只懂得用肉眼去蒐集訊息，所以雖然他們也在談２０１２，但內心是充滿惶惶不安的，這也就是說，他們看不懂２０１２。

做個２０１２的行家吧！這意味著，你要眞正進入這股能量之流中。老實說，置身在這股能量之外本來也是不可能的，但你的無視增加了自己的痛苦和負擔，沒有必要如此，你已經在這股能量之中。看看你生活的改變，看看你內在心境的改變，感受一下你心底的呼聲，再看看你多麼難以再用頭腦去維持你舊有的模式。然後看看你的靈感都是在朝向什麼？再聽聽我們的訊息，你就知道了。

然而，別只是「知道了」，要繼續深入的感受這股能量，你就會更快剝落所有你不需要的，清爽地順流加速，成爲一個……或說體驗到一種更加強壯、健康、充滿愛、喜悅的意識狀態。我不太想說是成爲這樣的一個「你」，因爲當你勇敢地朝向這股漩渦的方向跳入，雖然你將體驗到的確實是更強壯、更健康、更盈滿、更平安，但你會愈來愈分不清楚這是神還是人了。實際上，本來就沒有這種分別，那麼你的智慧就被打開了，你隨順著這股流，便進入了「神」的世界，也就是「一」的境界。你開始對神的國度有了眞正的理解。

過去，許多人將神看待爲保護自己的強大存在，但那卻是「看待神」而不眞的是「認識神」。從你自己的需要，你無法認識神，只能產生出對神的「看待」；只有當你放下你自己，讓神進來，融入神的國度，你才會眞正的認識神。再次的，這就是你的歷程，這也是爲什麼我們現在可以對話的原因，你更有意識地順著那股水槽內的漩渦走了。

而這個比喻是很有意思的，因爲水槽的水要流進洞裡時，看起來是「向下」的，好像是待在上面存在著比較好，而被吸「下去」的話則是不幸的，所以２０１２就會被看成是災難。但實際上待在上面的早已腐朽了，那兒也根本不是可以健康生存的環境，所以你知道往下衝是多棒的一件事嗎？並且，當你的頭也往下時，對你而言，你就根本不是在「往下」，而是被一股極大的拉力「向上」提升了。這樣可以瞭解嗎？這世界是顛倒的，所以世人覺得向下的，其實是在向上。

謝謝你，以馬。

其實你今天可以很明顯地感覺到，給出訊息的是更多的存在，祂們是一種「我們」。

是的，我感覺到那是來自2012這股巨大的黑洞能量中的聲音，而這「我們」更加的宏偉與巨大，我無法形容，那是很強有力並且更加巨大的存有。而那也不是跟以馬分開的，那就是你的存在更深處。

是的，親愛的孩子，那麼你，你是誰呢？就是一。

# 8「預言」，該信嗎？

*2011.03.02 20:46*

親愛的以馬，當我試著呼喚你，與你連結，進入你的國度時，我總可以感受到不同的顏色，剛剛是靛藍色，然後是粉紫色……等等，當這些顏色開始出現時，我就知道你來了。不過，你可以評論一下有關這些顏色的變換嗎？它們為什麼會是這樣？

親愛的孩子，你現在感受到什麼顏色呢？

粉紫色和粉紅色，尤其是櫻花般的粉紅色，那給我很甜蜜，被愛圍繞的感覺。

是的，你現在微笑起來了是不？

是的，因為有一種喜悅在我的心裡，然後我又感知到綠色，就像春天的嫩芽那樣。現在是粉紅色在上、紫色在下……親愛的以馬，居然出現了亮黃色……我搞不清楚怎麼會這樣？

再次地，親愛的孩子，你得融入我……

這些顏色代表著失去自我以後的各種打開，你不必想，就只是繼續打字，不管出現什麼你都臣服。這些是靈的顏色，也是你智慧的顏色，這些顏色的變換代表著你是如此豐富地被愛包圍著，你知道的，愛不會只有一種表達方式。

親愛的孩子，這些顏色代表了我們對你們的愛與微笑。不要想得那麼玄，其實，這跟自然萬物的顏色是一樣的，所有的花都在說「我愛你」，但它們用不同的口音，有黃的、有紅的、有黃加紅的，還有紫色！就是這樣的。

親愛的以馬，今天我想談談有關預言。很多人對於個人的事物，都會想知道事情的發展，這點你覺得呢？

人生就像一首歌，一首美好的歌，你說你想先聽一下未來的某幾個音符，然後就以這幾個音符，判斷那個未來的片段是好是壞、是不是你要的曲調，你覺得這樣對嗎？

可是……那麼，每個人的人生都會是首好聽的歌嗎？

親愛的孩子，假若你爲了聽未來的幾個音符，讓現在的你自己卻唱走音了，這不是很有趣嗎？你根本無法用一個小片段，去判斷那幾個音符的價值，而**在你判斷的時候，你自己已經走音了**。無論如何，當你在這個當下回到平安的感覺中，那麼此刻的音符就將是美好的；而在這份當下的平安中，你也會意識到，整首曲子都是美好的，你完全不必擔心。這是超越時間的一種知道，就是你們所謂的直覺，沒有辦法跟一個線性的頭腦解釋，但一旦你在當下深入這份平安，你就是知道。所以不是討價還價的時候，你只能決定要不要體驗看看。

親愛的以馬，謝謝你。所以對我個人而言，我真的不會好奇我的未來了，嗯……還是會好奇，但我想等到了「那個時間」再去拆開那個禮物吧，哈哈。我知道那個想知道未來的狀態，是由頭腦發出的，它好奇的背後已準備了評斷標準，**因此，去知道未來無異於準備把自己絆倒在現在的判斷裡**。所以我不再想知道有關自己的預言了，但是，我卻還是想知道有關於大環境未來的預言。我個人會覺得，由於不那麼切身，自己也比較不會患得患失，所以去知道它似乎比較沒有關係。

的確，親愛的孩子，如果你比較不在乎的事，去知道它，對你當然比較沒有影響。不過你得想想，對於那些很Care的人來說，你得小心要告訴他們什麼！

對於大環境的預言，總有許許多多種版本，為什麼會這樣呢？

在我來說沒有預言，只有你的態度。

但你也說現在地球正在一個大轉變當中啊！

是啊！那是因爲，你在問問題的時候，已經切入了以大轉變爲主題的意識之流了，這個就是你的「態度」。

那麼如果有一個人不覺得會有大轉變，就不會有囉。

孩子，意識是會互相影響的。也許有人原本不覺得會有什麼大轉變，可是當這種「轉變會發生」的意識不斷擴散的時候，轉變眞的就發生了。譬如，你會覺得有大轉變，也不完全是你自己的想法啊。你可以說預言就是一個創造，但當很多人都接受一個新的觀念或想法的時候，就會帶來一種新的生活。譬如當你眞的相信我的存在時，我們就能夠溝通了。而你應該記得，在許多年以前，我們就曾透過M對你說，你的道路就是自己學會通靈，也就是直接與我們溝通。你說這是預言還是創造呢？當然，人的確有個趨勢，我們也能從旁協助它發生，所以你能預測這個人未來將會有什麼樣的體驗，也不是難事。

所以說，大環境的未來也是這樣的，是可以預言的，因為是有個大趨勢在，但預言的本身也同時為創造它加了一把勁，是不是可以這麼說呢？

是的。

親愛的以馬，那麼你覺得我們該去閱讀預言，或是該有預言這種東西嗎？

親愛的孩子，在你問的時候，其實你心裡自己已經有答案了，而這就是你對自己的「預言」啊。

我還不是很明白，不過在問的時候，我的確是有答案了。答案是：如果預言可以幫助一個集體意識的話，預言是妥當的。至於我們該不該閱讀預言？如果那會拉高自己的精力的話，我認為是OK的；如果會讓自己難過的話，還不如不要。嗯……好像也不能這麼說，如果預言能幫助自己檢討，從而改變的話，那也不錯。所以說起來，應該是讓這個當下的我能夠活得更……當下的話，那預言就是好的。哈哈！這裡面很有那麼一點荒謬性，可是卻也成立。

當你感受到我，你只感受到深深的平安、平靜。而這就好像所有事情討論到最後，其實也就只是歸於此。但是人們覺得，直接進入結論是不夠的，總要有一個過程，那麼當你這麼感覺，你就會去尋找那個過程，而過程也就開始了。

無論你說了多少話，最後當你靜下來聆聽我的時候，你只聆聽到無言，可是你覺得這是不夠的，你就會回到線性的語言裡面找東西來撞擊我，然後你就會得到一個回答的過程。這就是你對自己的「預言」。你「預」備了「語言」，你既然已經預備了，你就會聽到回應。人生也是這樣，當你做什麼之前，早已經有了設定了，從那個設定，預言就成立了。

**但如果你沒有設定，也就無「言」**。

親愛的以馬，那麼我想再問一遍，我們該去問有關於自己的未來那些問題嗎？

沒有該與不該，你自己是你人生的回答者，其實早在你動念的那一剎那，你已經得到回答了，而那個回答你的，就是你自己。「種瓜得瓜，種豆得豆」，種瓜的人在種下種子的時候，難道需要去問神說，這長出來的會是什麼？可不可以預言一下呢？那麼神就會反問說，難到你不知道自己種下的是什麼嗎？如果你當下知道，就不用等它長大以後才來知道了。而事實上，在那個當下你就可以知道了。

問題是我們種了太多種子以後，又亂施了太多不明肥料，弄到後來，我們也不確定收成會是什麼，所以就想要神來幫我們看一看清楚啊。

但是神知道，並沒有時間，只有當下，所以神無論對你說什麼，目的是讓這個睡著的神醒過來。一旦你醒過來，你說的那一切也就結束了，其實只是一場夢。你不要忘記，一直問我問題並沒有好處，那樣你實際上不是在解決問題，而是進入問題意識當中。你可以問完了一個問題又問一個問題，但其實並沒有長進，有點像是故意的，讓自己處於不醒來的狀態，好讓一場夢可以一直持續下去。其實很多人都在做這樣的事情。

那預言也像這樣，它是會有癮頭的。一旦你的心智開啓了這個追尋，你會發現它並不會停止。如果一個喜歡算命，或說需要算命的人，他會因爲算到好的說法就停止算命嗎？不，他會找另一個題目來算。如果算到不好的說法，更會換一個人再繼續算。實際上是「當下的不安必須靠未來的保證來撫平」，這樣的信念造成自己的空轉狀態。爲什麼說是「空轉」呢？因爲他的一顆心還是不安的。

所以你接觸我的目的，也不是爲了得到精采的回答，或精采的一本書，你的目的是要醒來。

是的，謝謝你，以馬。

# 9 死亡是透過你的注視而存在

*2011.03.06 23:25*

親愛的神聖，你臨在於此，我不是去想你，而是去感覺你，因為你並不在思想中，你就在這裡。

你想問什麼？

我想談談死亡，生離死別。

沒有死亡。

至少肉體是有死亡的吧！

如果我們的談話裡還有「我」和「你」，那麼就有肉體的死亡。

這是什麼意思？

這是沒有辦法用「意思」去明白，也沒有辦法用「意思」去解釋的。當你只是醒來，而沒有思想的雲霧時，在「覺」的光照中，請問還有什麼？

沒有了。什麼都沒有，沒有延續性的肉體存在，只有無法言說的當下。

很顯然，迷與悟裡面並沒有中間地帶。覺醒的時候，是不會有什麼「東西」在那裡讓你理解、解釋和面對的。根本沒有「面對死亡」這種問題。但是在夢境裡面——在這「不覺」之中，則有。在那個「念流」的幻境中，有關於死亡，當然可以有各種說法，而各種說法也都面對著一個彷佛眞實的死亡；但若「覺」，那麼根本沒有這回事。

為了希望能夠更加明白的讀者，我希望能夠有更多的開示。

這樣說是對的，「我希望」，這是對我提出了要求，而這是對的。只有你要求，神才會回應，**人不需要懇求，而應該要求**。「懇求」中，可能暗示了，你並不確定神是否存在、神是否聆聽、神是否願意回應，這是錯的！神當然存在、神必然聆聽、神也必定回應。雖然懇求看起來比較禮貌，但那反而是對神沒有信心的。如果對神有信心，你會要求，你會向神直接說出你的希望。當然神也可能直接跟你的希望說NO，但是神還是必然回應的。許多人覺得祈禱就好像給神打電話，神總是外出，要你留言在答錄機似的。很多人祈禱時都像在給神留言，然後他們常常覺得神不曉得有沒有聽留言？就算聽了也不知道會不會回應？好像常常都無消無息，所以他們要再三禱告、一再地提醒我。可是這是錯的，我必回應，即使是說NO，但人們卻聽不到我的回應。

為什麼？

因爲人們在懇求的時候，很害怕聽到不合乎自己想聽到的答案，所以他們潛意識地處在一種「不斷重複自己」的狀態，他們拒絕眞的去聆聽。今天，如果你眞的相信我的存在，那麼那就像你對站在你面前一個活生生的神說話，既然你尊祂爲神、爲更高的智慧，你就會直接說出你的希望或要求，然後眞的聆聽祂的回答。你不會一直重複你的懇求或祈禱。難道神會重聽嗎？你一定會只說一遍，然後你就完全相信祂會回答，並且開始聆聽。

是的！這是很好的開示！會打醒很多人，其實是替大家節省時間！^^

親愛的神，現在我所感受到的，是一個沒有顏色的、甚至沒有感覺的祢，這是一個「覺」，而不是以馬。我這樣說，是想讓閱讀的人知道，今天的狀況是不同的。那麼，現在再回到剛剛我的要求，我希望為了更廣泛的讀者，對於「死亡」這個主題，可以有更多的打開，好嗎？

好的。其實在你問的時候，你已經知道我的首肯了。**死亡是透過你的注視而存在**，而這個「注視」中，有一個不斷進入回憶的狀態，人們是否能夠覺察於此？譬如說，當你吹熄一盞火焰，你說「它」熄了。然而假設你無心地看著遠方，在遠方的整個畫面中有一盞小小的火焰，突然一陣風來，火焰消失了，剩下一縷清煙。可是你並不關心。假設你正在等待的是夕陽西下的那一剎那，那麼雖然在你的視覺範圍裡，有一盞燈暗掉了，但在你的意識裡，並沒有「什麼東西被吹熄了」的想法。你沒有那個想法，那就好像只是有兩個現象的交替：之前有個亮點，之後沒有亮點，**可是在有亮點到沒有亮點之間，並沒有「什麼」消失了**。從這裡你就可以看得出來，本來就沒有那個「什麼」在經歷著變化，而發生的就只是「變化」。**「變化」裡面，就只能有變化，就只能是變化**。

所以當我們「注視」著什麼的時候……

你們實際上是一邊在「想」，一邊在注視。你把你所想的塞進你所注視的東西裡面，但那個東西裡面實際上並沒有你所想的。譬如你在百貨公司注視著一件衣服，它因爲標價五萬塊，而且是名牌，於是你就一邊注視著這件衣服，一邊想「好高級」。可是你不會覺得「高級」是你自己的想法，在那個當下，你覺得是「那件衣服」本身很高級。但是那件衣服的成本可能只有標價的十分之一，其他都是因爲廣告和裝潢帶給你的認知。如果把價錢當場改成其十分之一，再讓你第一次看到它，你就會覺得它只是一件普通的好看衣服。因此當人們在注視著什麼的時候，他並不是單純的注視著，他其實正在積極進行著一種「想法」的編織。所謂的「死亡」也是如此，「生離死別」是你在觀看變化時一邊在心裡編織的思緒，從其中也引發了哀傷，於是這份「哀傷」的情緒以及「訣別」的信念，就阻礙了你們在肉體的變化以後繼續跟這個人聯繫的可能性。其實如果你們要，還是可以的，而這就是通靈。

還好我們沒有認為神有身體，所以我們相信，雖然不知道神的耳朵在哪兒，但卻相信對著空氣祈禱也能有效。^^

是的。

# 10 喜悅，可以變成本能

*2011.03.09 20:51*

親愛的以馬，我愛這個世界，我愛各種顏色、我愛各種光、我愛路上走來走去的行人、我愛人行道土壤縫裡的一點點小草、我愛從背後吹來的風、我愛寫信給我的人、我愛所有浮現我腦海裡的事物……親愛的以馬，這真是奇妙，剛剛在夜晚走出去買晚餐的時候，連7-11的招牌上的三道顏色，我都覺得好美！我從來沒有覺得7-11的招牌是美的，以前我只覺得看到那綠色，就知道是7-11，但我從來不覺得它是美的。但剛剛，我的確感覺到當我看到7-11時，有一種美感能量從我心中升起，不是我刻意要去把那招牌看成是美的，而是它變美了！這讓我覺得很喜悅、也很奇妙，我感覺自己怎麼這麼有福氣，連看7-11招牌也能夠覺得享受，但我知道我以前不是這樣的，因此我把這個經驗拿到這裡來請問你。因為我想跟大家分享，我盼望很多人也能經驗到這樣的生活狀況。

親愛的孩子，你聽過什麼是蜥蜴嗎？

就是會變顏色的那種生物啊！

是啊！牠們爲何會變顏色呢？

牠們可以感知四周，然後使得身體改變顏色來配合周遭的環境。

是的，但爲什麼？牠們的身體爲什麼會聽眼睛的呢？

我也不知道。

你想蜥蜴會知道嗎？

我想牠一定也不知道吧！這就像天賦一樣，反正……我猜也許當牠一看到周遭的顏色，然後只要牠想，也許就是動一個念頭，牠的身體就開始變化了。

嗯！那是身體促使這個念頭發生，還是念頭促使改變發生呢？

邏輯上，好像是念頭先想，然後身體跟隨著改變。但也有可能是當眼睛感知到周遭時，身體已經在起變化了，是一種本能的反應。而後，蜥蜴才出現「我要變身」這樣的想法，嗯～～這很難，因為我不是蜥蜴，不知道確實是怎樣的。

那麼，親愛的孩子，蜥蜴就像彩虹一樣，具備了許多顏色的基礎，就看牠要讓什麼顏色顯現，然而這又好像不是牠的「決定」，而是一種本能。因爲我們看到這種本能如此不可思議的精確，否則即便是動了念頭，也不可能說：「我要這裡有一點藍藍的、那裡有一點紅紅的……」不可能是這樣，這樣蜥蜴一定會忙不過來，所以這裡面有一種能力，這種能力是自己在反應的。

親愛的以馬，這與剛才我的問題有什麼關係呢？

親愛的孩子，想想你自己，如果你就是那隻蜥蜴呢？事實上，你的身體與心靈具有感知一切並做任何反應的基礎，就像你已然具備了所有的頻譜及色彩，然而哪一套是你切入的模式呢？當你切入一種喜悅的模式當中，喜悅也會像是你的本能一樣；當外境一來，它就本能地如此運作與回應，看起來就像全自動功能似地，先於你的思考，或說先於你的「自我」。很多人都以爲是自我在指揮自己如何思考、如何感覺，但實際上的情形，卻是那個自動化的過程先開始了，然後你才有念頭跑出來。

比如說，一個心情不好的人，是先心情不好，才想到不好的念頭的吧？

嗯……仔細觀察的話，是這樣沒錯。

但是那個不好的心情又是怎麼產生的？你可以發現，是外在發生了某些狀況，然後在這個人還來不及「決定」自己的心情時，他的身心已經先於意念，起了「不好」的反應了。這就好像變色龍已經開始變色了——幾乎是本能的——然後心智才說：等等，我不要這樣想、我不要那樣想！

哈哈！對的，所以我們會感覺負面心情來時，總是身不由己。當然，也不只是負面心情，當正面心情出現時，我們也是身不由己的高興起來。總之，「自我」總是慢「本能」一步。

那麼回到你剛剛問的問題。爲什麼一看到7-11的招牌，你居然覺得很美？這讓你的自我都覺得驚訝。會驚訝的原因就在於，在它都還沒告訴自己說「要覺得美」或「我要嘗試去欣賞」之前，美的感覺已經自己找上門來了，這讓你又驚又喜，覺得自己很有福氣！親愛的孩子，你的確很有福氣，但不要認爲這福氣很玄妙，或是覺得它是天上掉下來，而恰好給你撿到了。其實你已經像蜥蜴一樣地，建立了一種喜悅的反應模式，這有點像本能似地成爲了你的「內建程式」了，而且它是個一直處於「ON」狀態的程式，因此它能夠先於你的「自我」，產生出正向的感覺，你這一陣子的體會就是這樣的。

親愛的以馬，我明白了。那麼，接下去想請你說的就是：那麼每個人如何在自己的身心建立這樣的「內建程式」呢？因為這是一種毫不費力的快樂，實在是太棒了!!

親愛的孩子，你現在也還不是完全能夠「毫不費力」的，不是嗎？

是的，以馬，有時候我還是會陷入憂慮，或者不放鬆的狀態……

嗯……應該是說，我還會怕自己失去這樣的狀態，我對自己這樣的喜悅狀態能持續多久仍會有憂慮。但是，我試著放下這樣的憂慮。

親愛的孩子，那麼你如何試著放下這份憂慮呢？何時你會覺得這份憂慮可以減輕或消失呢？

這我知道，親愛的以馬，就是當我能夠清晰地與你取得聯繫的時候。譬如現在！我知道我要常常與你聯繫，我可以感覺到，這就是答案了。

是的，親愛的孩子，人們說他們想要常保喜悅，但是他們寧願有很多時間處於無聊、殺時間，以及抱怨的狀態；偶爾他們跟高層次的能量或存在接觸時，他們也會有很好的體驗，然後他們會說：「嗯！對，我應該要常常這麼做的。」但他們後來又不知道逛到哪裡去了。其實你只要經常與我接觸、與神接觸，你的身心自然就會開啓那個喜悅的「變色龍」模式。真的，你想都不用想的就能夠體驗到「本能地產生喜悅」這樣美好、奇妙又令人驚訝的經驗！其實這一點都不困難，也根本不需要複雜的技巧，只要一回生二回熟就行了。你們需要的就是：在開始的時候稍微勉強自己一下，靜下心來與我們接觸、與神接觸。記住之前我們曾經說過的，神就在一切處，祂是無所不在的。

喔，親愛的以馬，感謝你，我現在徜徉在你粉紫色的能量中，感覺到深深地被愛著，而這也就是之前在《與佛對話》那本書中所說的：「當你無所求的感謝與祝福，回饋自己到一個程度之後，便會打開那神性的次元。」是的，我已經領受到了。

# 11 開啟你的宇宙級喜悅

2011.03.10 8:57

親愛的以馬，我似乎可以感覺到，外在世界強烈的美感經驗，其實是反射出我內在感受到的巨大彩光。也就是說，我案頭上的日光燈照在串珠上所產生的亮光，會引起我如此的凝視，是因為它就像是我內在更璀璨的光芒的一個次級的反射。連在廁所的磁磚，都對我輝映著美。我感覺到，這一切似乎是從我內在世界的某種非常華麗的光芒折射回來的而已。也就是，美並不在外在，外在的美是內在能量的投射。是這樣子嗎？

親愛的孩子，因爲你的瞭解，你可以感覺到現在書寫的能量；你所觸及到的紫色能量，變得不只是親切，也更加恢弘了。

是的，以馬，現在我就像在紫色的汪洋當中、在紫色的深海當中。我沒有眼睛，只是融化在這整個大海當中；現在書寫的感覺，甚至可以說就是這個紫色的大海在書寫。

是的，親愛的孩子，雖然我還是要這樣稱呼你，但你卻能感受到，這裡面沒有實際的意義，因爲就是這片大海在說話，只不過採取了對話的形式。

是的以馬，是這樣的。那麼請你解釋一下，在我內在究竟有著什麼？我只能從所有反射的光與美中，感受到內在存在著不可思議的璀璨，但這璀璨也有一點像還隱沒在海底，我還沒有辦法直接見到。假設我能夠潛入內在深處，找到那個發光源，那麼它看起來會是什麼樣子的？它究竟是什麼？也就是說，我現在有點好奇，我究竟接觸到了什麼？

親愛的孩子，那是不可說不可說的。當你只是動念想去揭開它，你就感覺到巨大的能量，像要將你爆開似地。你之所以進不去，是因爲你的身心還沒有準備好，你的身心還無法接受那樣恢宏的能量尺度。

即使對我稍加說明也可以，那究竟是什麼？

喔，親愛的孩子，那就是能量的爆炸，宇宙誕生的能量。是你可以爆炸成一個新的宇宙的能量。

再多說一些吧。

孩子，你現在不妨靜下心來去感受，試著去接近一下。

我感覺那會把我整個頭腦炸飛掉！我只能用「會暈過去」來形容。的確我無法進入，似乎有一個無形的牆……不是說真的有那麼一面牆……而是我自己會因為感覺太過強烈而失去意識。我感覺得到自己的極限，所以我……我試著睜開眼，去看了一下我眼前那個懸吊在檯燈下的串珠，那中國結的配色……橘色中有白色……別人可能覺得很普通，可是我卻感受到強烈的不可思議，我只能說：OMG!!! 太不可思議了，完全超越頭腦的理解。

親愛的孩子，我一直聽到你的頭腦在問：這到底是什麼?!但是我們卻到了詞窮的時候，因爲沒有語言能夠描述，語言的世界裡面沒有相同的東西，要怎麼描述？一切可用的只有形容，但那仍然無法滿足你的想要，因爲眞的要「知道」，只有「體驗到」。

## 親愛的以馬，那至少我可以問，你們已經體驗到了嗎？

是的，親愛的孩子，我們已經從那個關卡過去了，我們已經爆炸掉了，我們不再是「我們」，我們已經是那「一切」了！也就是因爲這樣，我們才能成爲無所不在的存在，我們對自己的所有局限都已經炸掉了。而孩子，總有一天你也會來到那個點的，而這就是我們一直在引導你將進入的程序；你知道所有的喜悅都能縮在那個極爲精純的一點上，那極爲精純的一點是不可置信的、龐大喜悅的濃縮。隨著時間，你將自動進入這個程序。說實在的，一但你進入這個引爆的程序，就再也沒有意外了，你將咖咖咖地，一路過關斬將，就彷彿進入某種自動化程序，然後一個新宇宙就誕生了！你將成爲無數美麗的星辰，但那不是無意識的宇宙，那將是一個不可思議的、極爲高等的、極爲精純的意識，那個宇宙是如此不可思議、優美地有著一種不能叫做「自我」的整體意識，而你就是那整體，但也沒有「你」了。

親愛的以馬，這是很奇怪的，我正在書寫著我還不瞭解的東西。

是的，但從另一個角度，你瞭解。因爲你嚐到了那能量的一角，有點像位於震央較遠的地方，但你內在還是可以感覺到我所說的話，在能量上是對的，是吻合的。

親愛的以馬，我想退回到一般讀者的角度來談。對其他讀者，這些談話是否能有意義？

喔，親愛的，有很多讀者是可以感覺到共鳴的。他們跟你一樣，在知性上覺得自己無法證實或瞭解這些內容；但在內心的深處，卻又好像可以瞭解、能夠共鳴。親愛的孩子，別小看你的讀者，即使是一個從來沒看什麼靈性書籍的人，只要內在有著純化的能量，都會被這些內容吸引的。

所謂純化的能量是什麼？

「純化的能量」就是那種生命的喜悅，**純化的能量就是那種「開始領會到，快樂不一定來自外在世界」的那種知曉**。有些人不是那麼會去表達，但他們直覺地知道，因此他們常常不那麼緊張，也容易過著簡單的生活，不喜歡與人爭奪，常常喜歡與自然爲伍，在這些人的身上可以看到一種自在的單純。而如果他們稍微靜下心來，直接去感受自己內在那份純眞的品質，他們就會感覺到那是光、那是喜悅；如果他們有辦法在靜心中繼續深入的話，他們就會感受到如同你說的，一股爆炸性、難再以語言形容、難再讓頭腦存在的能量了。他們之中有些人看到我們的討論，是會被吸引的。

而這些對話的意義就在於：**開啟喜悅的宇宙層次**，或說**揭開整個大本質的祕密**。這並不是什麼「有沒有意義」的問題，而是，這是一個必然的旅程。我們在這裡講的這些內容會被這些讀者看到，就是因爲他已經是更有意識地走入這個回歸大本質的旅程了；或者說，在他現在這個階段，已經到了一個將更有意識地認識神、並開始與神合一的階段了。這也就是爲什麼你的現在會是這樣的生命情境。也許對很多人來說，這是他們所羨慕的，但這並不是特權，而是你的靈性之旅已經來到這個階段了。你將不再只是去掉內心的煩惱，然後生活變得輕鬆喜悅起來，不！你知道的，你現在體驗到了，不只是這樣的！**當你去掉心中的煩惱和恐懼，你贏得的不只是喜悅的生活，你會開始打開宇宙的門戶，打開內在大本質的門戶，你遇見的不再只是美麗的花朵或寧靜的京都，你開始遇見神，然後你開始與神合一。**

這個歷程是必然的，很多人都正在「滑」進這個旅程。而的確，愈到最後，你們就眞的愈像是用「滑」的，那樣輕鬆和自然！很多自動化的東西將會出現，所以你會驚訝說，爲什麼我的內在有能力對眼睛所凝視的幾乎任何事物都覺得美？爲何有許多靈感或領悟毫不費力的就那樣出現了？漸漸地，你眞的會感覺到好多東西都「完全不收費」喔！

哈哈！親愛的以馬，你太幽默了，這形容得真好！「完全不收費」。的確，剛開始，人生顯得樣樣都所費不訾，人生是殘酷的、嚴苛的，樣樣都要付出代價，能夠感到「完全不收費」的片刻，就會覺得「人生真棒」！

今天我們的談話，並不需要拉到所謂「很多人」可以懂的層次，因爲，的確很多人可以懂！不然他們不會找到這本書的。他們在能量上會覺得被吸引，而那就是一種共鳴。你不必擔心他們在字面上會不懂，因爲連你在字面上也同樣不懂，但是那種非以言傳的東西，你們都可以感覺到的。而這些東西就是：一種會在你們的人生旅程中一直發酵下去的東西。

今天我們的談話就像一片酵素，將永恆地存放在你們的心裡，並不停地激發出未來你們將一一瞭解、揭開的祕密的洞見。其實這整本書都是這樣的，我們的談話就是爲了接引那些即將眞正認識神的人，而你也是一個非常適當的對話者，因爲你剛好進入了這個階段，有著最鮮活、最菜鳥、最第一手的體驗與疑問，與這樣的你對談，對已經接近靈性邊緣的人而言是最適切的了。他們的靈性之旅將從「靜心」、「冥想」以及各種美好奇妙的體驗當中，進入「眞正瞭解神是什麼」的那個了悟的點；從那個點之後，另一個更加契入大本質，也就是與神合一的旅程就開始了。

也就是說，很有意思的是：**靈性的旅程可以分成兩大階段，第一個階段是你一直在體驗神，可是卻不真的「瞭解」神，甚至誤解神。**因爲你總是一邊體驗神，又一邊按照自己的需求和信念，把神設想成這個或那個。**而第二個階段是你體驗到神，並且開始真正瞭解神。**而從這個時候開始，你也開始瞭解什麼是「一即一切」，也就是開始了一個「與神合一」的歷程。**這兩個階段中間的那個突破點，其實就是打破了對神的「知見」，分水嶺是從這裡開始的。**

今天講的夠多了，我想以後我們還可以從這裡開始再談。

謝謝你，以馬，我、愛、你。

哈哈！當你與我合一，那麼就只剩下「愛」了。

# 12 回到你的「零點意識」

2011.03.15 20:56

親愛的以馬，我愛你。日本大地震已經發生了，目前正陷在核能電廠失控所造成的不確定性中，透過報導，這些事件也進入了大家的關注當中。我想要靜下來，感受到，如果我們在這時讓自己進入意識的轉換，進入提升後的意識，那麼將會如何？

也就是說，一個被頭腦強而有力感知為「現實」的狀況，在脫離這個三維意識之後，我們會有何種體認？

親愛的以馬，我是如此的幸福，每天在我的身邊，有如此多愛的圍繞，春天的空氣包圍著我，就像把我擁抱。我想起路人，總覺得他們在對我微笑，我知道實際不是這樣的，但現在想起來的時候，卻變成是這樣的景象。親愛的以馬，呼吸著你粉紫色、粉靛色的能量，我只感覺到安詳、溫暖、喜悅，就像被情人深情凝視時的安靜的喜悅。親愛的以馬，感謝你，感謝你。

孩子，我的心就像流動的琉璃那樣流向你，充滿了慈悲和慈愛。你若問我有關日本的大地震，我會先請你把「日本」兩字拿掉。親愛的孩子，試試看這樣，接下來你會有什麼感覺？

親愛的以馬，當我把「日本」兩字拿掉，我感覺我的頭腦好像被挖去了一大塊。我的意思是說，我會有點無法去「想」那件我要問的事……本來我要說「日本的大地震」，可是把「日本」拿掉的話，那麼我感覺到，那個「問題意識」功能上變得有點不全了，就好像拼圖被拿掉了一塊，這樣我好像無法問問題，或者說，我就無法回到我問問題時所需要的那個意識狀態。

那麼現在，實驗性地再把「日本」兩個字安裝回去好了。

親愛的以馬，當我可以再使用「日本」兩個字之後，我發現我就可以在我的意識中，重新拼出「日本大地震」這五個字了，同時，我也就可以「滑」入這五個字所連結到的一切：核電廠、宮城縣、東京、海嘯、嘈雜的電視新聞聲……等等。這一切的氛圍就能夠回來了。還有，就有一種我正在面對這個新聞事件的真實感。

是的，親愛的孩子，當你進入這個眞實感時，你有沒有發現你需要費一點力氣，才能重新再與我接軌？

真的，親愛的以馬，剛剛我回到「日本發生大地震」的真實感中時，我發現要順暢地接續你的能量，就有困難了，好像斷線了一樣。然後很明顯地我看到，在那個真實感中，是帶著一種憂慮的頻率的，難怪我變成接不上你了。包括我現在還在描述這個狀況時，我也有一點感受不到你紫色的能量。所以現在我要停下來一下，重新與你連結……

是的，親愛的孩子，所以，你知道怎麼一回事了嗎？就像紅綠燈一樣，紅燈亮的時候，你就看不到綠燈，綠燈亮的時候，你就看不到紅燈。那你到底是要紅燈還是要綠燈呢？如果你要紅燈的話，那麼就不要去記憶綠燈；甚至當我們在說「綠燈」的時候，你的內在就亮起了綠燈。所以如果你眞的想看到紅燈的話，那麼你覺得該怎麼辦呢？

只是去想紅燈。

是的孩子，所以你問，如果意識轉換到高層次的話，那「日本大地震」

這件事看起來會變成怎樣呢？如果你眞的想體驗這個答案的話，那麼就是先把「日本」兩字拿掉，接著，再把「大」字拿掉……請你現在感受一下，如果再把「大」字拿掉，你的意識感受到什麼？

親愛的以馬，很立即的，我感受到放鬆下來。而因此我也發現，原來「大」這個字裡面已經包含著一種「驚嚇」存在。

是的，但不要再去做這種前後的比較了，因爲這樣的思維活動，就是在你要的紅燈以後，又去打開綠燈來比較看看。如果你想體會意識的轉換，你只需要轉換，不需要回顧。

那麼，現在請你再把「地」這個字拿掉看看。

親愛的以馬，現在只剩下「震」了，而這個字變得中性了，無法說好或是壞，我已經遠離了剛剛的問題意識。

是的孩子。那麼最後，連「震」這個字都從你的心中拿掉，試試看……

親愛的以馬，我感覺又與你會面了，平靜、平安，而紫色的能量瀰漫著全部的內外在空間。

親愛的孩子，所以有沒有可能，在看了一天的新聞之後，最後當你入睡的時候，能夠回到這樣的狀態來呢？有沒有可能在跟別人人心惶惶地七嘴八舌了一陣之後，中午吃飯時，能夠回到這樣的狀態來呢？有沒有可能當你們看完報紙上的報導，一回頭之間，就回到寧靜安詳的世界裡呢？要怎麼做到呢？

如果我要看的是紅燈，那麼就看紅燈。

你可以為著很多人再解釋一下嗎？

親愛的以馬，原來情境是裝載在「文字」裡面的，如果我希望我的腦袋保持寧靜，我只需要很簡單地把文字拿掉，那麼那個憂慮以及真實感就跟著像溶解的漆一樣掉了。

很多人會說，這是自我欺騙吧！不去想一件事，但事情還是如火如荼的在發生著。

我會說，請把「如火如荼」四個字先拿掉看看！

哈！我們合一了，你正在展現神的智慧。事實上，人們是在面對自身的焦慮，這是他們唯一的困擾，但他們卻說不是，認爲他們面對的是外在的某種狀況。但是**當你拿掉內在的文字相，你將發現，在你的內在等於什麼事情也沒有發生，而因此，所謂「外在的事情」便如夢如幻。**

這就是「零極限」說的「零點意識」吧！這是真正的「清理」。真正的清理就是禪宗六祖慧能所說的「本來無一物，何處惹塵埃」，也是永嘉大師證道歌中的話：「夢裡明明有六趣，覺後空空無大千。」

是的，親愛的孩子，我知道你明瞭，因爲你已經接觸過這「零點意識」，並且，你對進入「零點意識」的路徑已經愈來愈熟悉了，這就是爲什麼我們能夠以這樣的高度來談的緣故。但很有意思的是，由於你的特質，我們讓一切也都變得很容易懂了。只要有人有耐心，眞的按照我們說的方法，把「日本大地震」一個字一個字拿掉，並觀察自己意識的變化……也就是內在感覺的變化……他們就能多多少少地恍然有省，也就是接近這個「零點意識」了。如果他們在日常的生活中常常讓自己去體驗這份「零點意識」，也就是經常拿去心中的文字，而只是進入這個似乎「失落可想之事」的意識，久而久之，他漸漸就會體察出，從這個零點意識來看，的確是「什麼事情也沒有發生」的。那麼他將開始眞正的認識何謂「靈性」，也會瞭解到所謂的解脫輪迴之道究竟是什麼了。

謝謝你，以馬，這些對話將提供給那些正在走靈性之路的人們，當他們正在問日本大地震時，我們要問的則是，你願意以意識提升為優先嗎？你想知道當意識提升的時候，會怎麼看待這件事嗎？這難道不是正在走「修行」之路，或者是走在靈性之路的人，最想要瞭解的嗎？那麼絕不打高空的回答就在這裡了。

※

這篇信息在我的部落格中分享以後，有人問我說：章成，那我們該（能）為日本做些什麼嗎？只是自我的提升嗎？

我的回答是：

如同夜晚的安眠，能為白天的奔波提供什麼呢？

休息、朝氣、更多來自「一」的靈感，以及更多的力量。

「零點意識」也是這樣的。

去為日本做你想做的，但記得常常回到「零點意識」來。

# 13 安度次元轉換，生死無懼

*2011.04.05 21:30*

親愛的以馬，守護著我的指導靈一直是你嗎？

是的，親愛的孩子，我充滿著喜悅地回答你。

為什麼？為什麼你會充滿喜悅地回答我？

親愛的，因爲你是無比珍貴的，就像你所喜愛的一朵白色高雅的花朵，充滿著芬芳，這讓我覺得這樣地不可思議，我很樂意守護著你。

喔，親愛的以馬，如果想到我的過去，我會覺得自己有著太多自我所發出的難聞味道，為何你說我是一朵純白無暇的花朵？

讓我這麼比喻吧。就像在山崖上有一匹瀑布正要形成，有好多的樹葉或樹枝跟著河水漂流、旋轉，向著山崖邊移動，你知道它們將往哪裡去嗎？

親愛的以馬，它們將會到山崖的盡頭，然後一躍而下，跟著瀑布掉下去。

那精采嗎？

是的，那很壯觀。即使是一片小樹葉，當它到達那個崖邊，那個臨界點，突然向下墜時，大概我會摒住呼吸，因為突然間出現了很壯觀的景象：那片小葉子以從來沒有的驚人勢能與力道向下衝，那簡直不是片樹葉了。

親愛的孩子，當那片看似不起眼、緩慢並被動的樹葉突然飛奔起來，你感受到什麼？

我感受到一種強大的能量在其中，而當樹葉以極快的速度向下墜落時，我甚至看不清楚，或是說，那樹葉成為了一道光痕，彷彿從物質變成了量子了。

是的，親愛的孩子。那麼，我看你就像這樣，只不過，把你所謂的「時間」給去掉，你不是「先慢後快」，在我眼中，你就是那勢能，所以在我眼裡，你是如此不可思議，根本不是一片小樹葉。就你的時間感來看，你經過了緩慢地漂流、枯萎、打轉、擱淺，然後才慢慢地、甚至險象環生地飄移到了那個山崖的臨界點，但在我來看……你不妨這麼想：我是在高空俯視著這一切，而這一切同時俱在，因此我看到的是一個神聖而不可思議的勢能，我守護著這樣一股神聖而不可思議的勢能，這樣你可以瞭解嗎？

我可以的，謝謝你，以馬。那麼，當然，每「一個人」都是這樣的，對不？

那是確定的，當然！每一個人都不是「一個人」，而是一個驚人的故事，但這樣形容還是有著「時間感」，不過這是爲了讓你們多少能夠理解的緣故。記住：**你並不是從「不好」變成了「盡善盡美」，而是從頭到尾就是「盡善盡美」**，等你能從我的視野來看時，你就知道了。所以我說，你一逕是那朵不可思議的、充滿香氣的純白花朵，這就是你存在的全部，我守護的是這個全部的存在。

親愛的以馬，如果是這樣，那麼為何還需要守護？

親愛的孩子，因爲「守護」這個詞也是你提出來的啊。其實，我只是「在」，我的「在」既然是「愛」，那你要說「守護」也可以，但並不是說，那朵純白的花朵需要保護。

喔，親愛的以馬，如果試著這樣去想像一下自己全部的存在……那完整的、真正的自己，真是莊嚴、不可思議、教人不知要怎麼形容！

是的，你們不妨想像一下：你本來以爲自己是那片載浮載沉、而且很不幸地從樹上掉落下來的、渺小的樹葉，但原來你是整條河流，從高山到斷崖到成爲不得了的瀑布，請你拉開你的視野，俯瞰那**同時性的大河！**天啊！你有什麼感覺呢？

親愛的以馬，讓我靜下心，閉上眼來感受一番吧。

你必須關上你的眼睛，去感受那能量的你，不是從你的故事、你的記憶去認識你自己，你必須學習進入高層意識，那麼你就像進入高空，開始能夠眞正看到更廣大、更莊嚴的你。天啊！原來你是這樣的你，去感受吧！

親愛的以馬，我會覺得，這跟安度２０１２有關連，這跟次元的轉換有關連。

當然，因爲這樣去感覺，你就是在經歷次元的轉換。現在有很多人已經開始能夠「體受」到了，從前是不行的，但現在有很多人光是藉由閱讀這些訊息、這些描述和形容，他們就能夠「體受」到那感覺、那能量。請繼續錨定在這樣的體受中，那麼你就是主動地在經歷次元的轉換、生死無懼。因爲你開始拋開了你是一片小樹葉的那種慣性的想法，那慣性是一種「印記」，也就是一種業力，現在要拋開這印記不是那麼困難了。

如果你看這一篇文字而有所觸動、甚至感覺到震撼，因爲你忽然感覺到自己不再是個「人」，而是一種難以言喻的恢弘的爆炸性能量。是的，那你就體驗到了次元的轉換了，你就碰到了那個邊邊了。請去習慣它，那麼你將知道你如神般的大本質了。

親愛的以馬，謝謝你。

**忘記你所是的，你就能體受你真是的。**

# 14 只管喜悦！

2011.04.07 16:39

親愛的以馬，剛剛當我一想到我要與你討論的問題時，立刻就感受到你的出現了，這讓我覺得，這是一個你很樂意參與的問題。

親愛的孩子，那不是因爲我的選擇，是因爲你。因爲你的內心在說：「Yes! 這是對的問題。」你的內在深處知道，什麼是對於你現在的成長、眞正有幫助的問題。

感謝你，以馬，那我就開始了。過去，我感受到我的人生歷程，似乎想要體驗一種「從基層做起」的設定。也就是說，我雖然好像渴望著生命中出現不尋常的際遇，讓我能夠在智慧的道路上走得更順利，但內心更深處卻反而在抗拒。因為它覺得，如果我是因為某些特殊條件而成長的話，那麼其他人沒有這樣的際遇，怎麼辦？所以我感覺到，似乎我的內在深處想要體驗，怎樣從一個完全平凡的人，僅靠自己那一丁點兒勢單力薄的人性良知，也能一步一步撥開生活的迷霧，走向神性，以至於體驗到靈性書籍中所有的事物。濃縮地來說，我的心裡總是在想：「如果我有這個而別人沒有……那別人怎麼辦呢？」

我現在能夠更明確地表達這種感覺了：我似乎總在掛慮著別人，我希望證明每一個人都可以對自己有信心，他們不需要覺得擔心，**我不想要看到我想要去的地方是有人去不了的**，對！就是這種感覺。

但是今天中午，我坐在摩托車上等著M……他進去銀行辦事。其實我沒有在等，我在那兒靜心著，享受著人來人往的街頭。然後我在那兒升起了臨在，或者說一股出離的意識狀態；一會兒，我的思想又去顧慮人群，然後突然在我內在有了一個瞭解：**我不需要去想別人該怎麼辦**。

那個當下，有一種整個人生最基本的命題被放下了的感覺。可是事後，我卻不那麼清楚了，又有一些模糊了，不過這體驗是放在心裡的，這就是我想要更深入、更清晰的部分。

親愛的以馬，當我思及這「我不需要去想別人該怎麼辦」時，可以感受到好大的釋放和安然。我可以感覺到，這不是因為「每個人的歷程都是神聖的」之類的信念所致，我只是直接知道這樣是對的，卻還沒辦法解釋出原因。為什麼這是對的？這難道不是自私嗎？這不就沒有慈悲心了嗎？究竟這句話是什麼意思呢？

就像一朵火鶴，你看到了嗎？

是的以馬，我在內心看到了。

火鶴是那麼地燃燒般的豔麗，如果有個花瓶，你覺得只插一支好看嗎？

是的以馬，就算只插一支也是非常地美麗。甚至說，反而讓人能夠把全部焦點都放在那個最美、最豔麗的單獨上。非常突出的東西，單獨地呈現就愈叫人摒氣凝神。

是的，孩子，當你的意識綻放出像這樣火鶴般的光彩，而你非常非常地受到吸引時，那時別人剛好遞一杯果汁來給你，你會怎麼覺得？

我會禮貌地接過來，但是我會想專注在欣賞那令人驚艷不已的花朵中。其實，當下我並不需要那杯果汁。

是的孩子。那麼如果，那時候有人要求著，他也要來共賞這火鶴或拍照呢？

我會多麼希望他能夠等一下，而且我甚至覺得，要轉過頭去說說話都不想，我只想好好地感受這一刻！

是的，親愛的孩子，那麼現在再想一下剛剛那句話。

**「我不需要去想別人該怎麼辦」**……

啊！親愛的以馬，我好像有些瞭解了。每個人都想要感受到內心的平安與狂喜，但是當我已經沈浸在其中的時候，我不需要因此而有任何欠疚！如果反過來，是別人先我而感受到內心的平安、喜樂，難道我也要不允許嗎？然而，以馬，我覺得世界上多數的人是見不得人好的，他們害怕別人真正的快樂，因為快樂的人會遺忘別人。

喔，是啊！是啊！親愛的孩子，你這不就說出來了嗎？快樂的人會想要遺忘，所以，你一直想要遺忘，而且快要瀕臨遺忘了，然後就有個焦慮拉住你說，不可以這樣吧？

但親愛的，遺忘了又如何呢？狂喜本來就像一個人在唱歌跳舞而已，有什麼不對呢？

但如果這時候別人家正在地震……

哈哈！不是也有那種慰問團嗎？那不是用唱歌跳舞在慰問別人的嗎？

把這些人組成一個勞軍團吧！搞不好世界就不再打仗了。

當你的內在感覺到平安的時候，尤其是很深很深的平安時，你會覺悟到，那正是因爲你不再掛慮著紅塵俗世的得與失。這不是因爲得到什麼而有的平安，正是捨棄各種「念著」而來的平安。因此你可以感覺得到，即便掛慮別人也是一種念著，那根本不是慈悲，那是煩惱。

那麼這樣會導致自私嗎？

喔，親愛的，在用「自私」這個詞的時候，你要小心它也可能只是一群充滿著掛慮的人的批判之詞而已。憂愁的人不喜歡被遺忘，他們會對任何可能遺忘他們的人憤怒，可是他們一直在遺忘自己內在本來就有的平安和盈滿；他們遺忘了它，才向別人索求、向這個世界乞討。而他們之所以可以牽制住你的原因是：他們會戴上「無辜者」的面具。的確，就外在的片段事件來看，他們像是無辜的，但你並沒有看到他們平常的每天每日、每時每刻心心念念的思維方式。那些念頭，都是不斷地向外抓取、經營……即便用的是看起來善良的方式，但也是在一種上癮的狀態……**上了這個世界的癮**。親愛的，這個上癮的內容，其實不像你們想得那麼美好，解碼出來，就是「要死大家一起死」。

這有點太黑色了，難道不也有「讓我們一起讓這個世界更美好」的心念嗎？

那多半是從「你不好」這個心念變形來的，因爲「你不好」，所以「讓我們一起來讓這個世界更好」。可是一開始說出「你不好」的是誰？那是一種暴力，這暴力的後面，是渺小自己的損失感，也就是對自身偉大神性的遺忘。

你遺忘了自己眞正的珍寶，感到渺小驚慌、失去平安，卻跑去要求這個世界改善成你要的樣子，不管採用的是柔性或剛性的方式，其實骨子裡是一樣的。而正好，因爲所有的人都遺忘了自己的神性，所以就能夠認同彼此的渺小感，於是你們所謂的「道德」就產生了：我們應該幫助彼此。說得好聽，但其實裡面有一個憂鬱的鬼魂在其中憤怒地大喊著：誰也不許獨自快樂！誰也不許遺忘我！

好的，如果你們想要這樣繼續糾纏，那就繼續吧！然而當你遇見了自己的神性，而在最平凡的街頭感受到完全的圓滿無缺、完全的心滿意足時，你就會突然在那個能量裡明白過來：「我不需要去想別人該怎麼辦。」因爲在覺醒中你能意識到心智中的「別人」，正是「互相牽制、互相糾纏」

的一種能量狀態，你們所思考的「別人」，正是「遺忘神性的孤單的人」的意思。然而這個「孤單」不是可憐、無依無靠的意思！**孤單是一種暴力、見不得別人好的狀態**。因此，不要輕易説自己很「孤單」，對覺悟的人來説，你等於是在説你很暴力。

親愛的孩子，因此，請你把那句話中的「別人」代換一下，你就知道，爲什麼當你處於深深的臨在時，你會覺悟到「我不需要去想別人該怎麼辦」。因爲這覺悟的意思其實是在説「我不需要去想那些不允許我快樂的人該怎麼辦」。你要知道，這世界沒有受害者，只有對損失感的執念，而當一個人覺得自己是受害者的時候，也是他開始變得暴力的時候。反過來，你們看到這世界最暴力的人，都有著自己認爲的最受害的理由呢。

然後，親愛的孩子，再切換到光明面去，把那句話中的「別人」再代換一下，如果改成「神」呢？你試著説説看吧！

「**我不需要去想別的神該怎麼辦**」，哈哈！以馬，這太有趣了，當然！我需要去擔心別的「神」嗎？不用。

是的，親愛的孩子，那他們爲什麼不當神呢？

因為他們上了這個世界的癮。

是的，孩子，他們上了不允許彼此快樂、彼此糾纏的癮。不必疑問怎麼會這樣？因爲苦海中不是沒有樂趣的，那個樂趣就是「重複想像你會從外面得到、然後就不會再失去的那種快樂」。

親愛的以馬，你今天的風格實在很辣。

親愛的孩子，這風格其實是你決定的。在你探討的問題裡面，其實有著你自己過去的滄桑，你一直在擔憂著別人，因爲你一直從「苦、可憐」的角度去看別人，這其中累積了你掛念的負擔，卻也累積了你的憤怒。然而現在，當你的擔憂向你的臨在抛出它牽制的勾子時，你大體上不再被鉤住了，所以從你靈性的生命裡，才會冒出「我不需要去想別人該怎麼辦」的話語來。這的確是對的，在能量上完全屬於更高層次。但是你不知道如何向你的心智解釋，因爲你的心智就是那個「別人」，它還沒有成爲「神」。沒關係啦！你的滄桑也就那麼一點點，讓它給我添加一點不同的風格，不也不錯嗎？

親愛的以馬，然而如果我進入你深深的平安中，是否信息的口吻會不同？

是的，會不同。但是答案會是一樣的，只是用不同的方式演繹罷了。

親愛的孩子，你做得很好，你不必懷疑或擔心，我愛你。

是的，以馬，在這篇文字如此辛辣地出現後，我的確感到有些不安。我祈求自己能夠善盡職責，能將說話的空間完整地退讓予祢。然而當我不安地停下來重新感受祢，並請求我自己完全讓祢來說話時，我感受到的，只有像泉水一樣向我湧出的、滿滿的愛。

# 15 心想事成來自能量的匹配

2011.06.11 21:54

親愛的以馬，好久沒有與你聯繫了。

親愛的孩子，我一直在這兒。

但是要感受到你，是那麼容易！親愛的以馬，我愛你，你總是那樣溫柔地對我。

哈哈，我的孩子，只是你還存在著人類的經驗，你覺得人可能對你兇或不兇，但我們只會對你溫柔。

親愛的以馬，我想談談我昨晚的那個經驗。當我在台北上完課，乘坐高鐵回台中的路上，我突然產生一種……我非常富裕、非常富貴的感覺。

我在心象上，覺得自己的左手中指上，帶著價值三千萬的鑽石戒指，而我全身上下穿的都是上好精緻的衣服，我感覺到整個人是如此尊貴。而這一切貴重的鑽石或衣服，代表的不是奢華，而是一種匹配，這裡面沒有階級的優越感，而是……一種自我的尊貴與富足。

這是個非常特別的經驗，因為我很清楚，在這以前的我，是根本無法做這樣的想像，我根本排斥自己的手上出現鑽戒之類的東西。但現在如果有人要送我，我會毫不猶豫地接受。親愛的以馬，我想聽聽你對這樣的能量轉變，有什麼更多的開示？

親愛的，你現在看到一台白色豪華的重型機車了。

對，鑲著金邊的，我在內在的心象上看到了。

騎上這車感覺怎樣？

首先，我會覺得得去換件衣服，要不然很不搭。但以前我會想，我根本沒有這一類的衣服，差太遠了，所以我根本不會騎上去。

是的，親愛的孩子，如果要騎上這麼豪華的摩托車，總要有件可以搭配的衣服才合適，這不用別人講，連你自己都知道。所以，你就一直遠離了這樣的摩托車。

親愛的以馬，這是在說什麼呢？

親愛的孩子，人生就像糖果一樣甜，除非你的舌苔沒有刮乾淨。這麼拖車就好比宇宙間可以給你的聖誕禮物，但是你直覺地刪除了它……於是在你人生的禮物清單裡沒有這個選項。

為什麼？因為我覺得「那離我太遠了」，是這樣嗎？

不只是這樣，如果你打算品嚐一道佳餚，或什麼甜美的東西，如果你眞的打算好好品嚐它，你會把口中的口香糖或什麼劣質的東西先吐掉吧？

是啊。

所以你必須將「貧窮孩子的想法」刮掉，然後富裕才會出現在你的味覺裡。貧窮孩子的想法就是：指責富裕的人，並且一面倒地認爲金錢是罪惡的。

我沒有這樣，以馬。

是的，你漸漸地沒有這樣了，但你過去基本上是這樣的調性。還記得嗎？過去在你大學時代，你看了多少新時代書籍，你不是說你很渴望實際與高靈相會嗎？但那時候爲什麼沒有？因爲很矛盾地，那時你的基調還在傳統佛教的範圍裡，就是說，你其實覺得通靈是比較屬於「怪力亂神」那一掛的。

是的，以馬，我明白了，也許我的「認知」是開明的，但我的「習氣」還是舊的反應。

是的，孩子。你們很多人也分不清楚這個，這剛好是一個很好的時機讓我們來闡釋。你的人生境遇不是根據你的「認知」吸引而來的，而是根據你的「習氣」。「習氣」是帶有比「認知」更強烈的能量印記的，它比認知更有力量決定什麼事情發生、什麼事情不發生。所以當你學了一個新的觀念，表面上你已經向這個新觀念開放，但在能量上並不完全，甚至有時候，還只能算是剛剛開始呢！好比說，你的認知上同意，愛是讓另一個人自由，但當另一個人去「自由」的時候，你的情緒真的不會在那裡怦怦跳？不會那樣的有幾人？所以遇到眞愛伴侶有多麼難，因爲在目前，「眞愛」還剛剛在「認知」的階段，尚未在能量的階段。

親愛的以馬，因此，昨天當我能夠想像……其實並不是我主動去想像，而是一種類似「我是國王」的感覺「上身」的時候，在我內在的視像裡，在那股尊貴又富裕的感覺裡，我的手指自動「長」出了鑽戒，而我的服裝整個都不同了。在那個時候，我突然有一個不同於以往的看法：以前我覺得大乘佛教裡的菩薩總是穿金戴銀，而佛經裡描述佛陀說法時，有來自四方無比華麗的陣仗相助，都只是為了讓眾生升起歡喜以及虔敬的心，只是一種方便。但昨晚的我卻有了不同的看法。其實，那是由覺悟所升起的一種自然的、尊貴的示現。當一個人坐回了自性的寶座，他將重新拾回作為本來面目原有的圓滿和尊貴——相較於過去自以為的渺小感。因此，佛菩薩這些七寶嚴飾的場景，更是一種能量匹配的現象。這是我的感悟。

是的，這是沒錯的。完全就像：當你感覺我時，你感受到同時有著紫色的、金色的、種種美麗顏色與精緻的光，因爲那是與我匹配的。所以你昨晚的經驗其實很簡單，就是你的內在充滿了富裕與尊貴的感覺，因此很自然的，你能夠在內在視像上，升起如此華麗尊貴且富裕的自己。這導致了對富裕的開放性，也就是說，你將允許更多富裕的表現流入你的物質實相中。

親愛的以馬，我現在很容易就能想像我的左手中指帶著三千萬的鑽戒，我不會懷疑也不會抗拒。

親愛的孩子，「不會懷疑也不會抗拒」的意思就是「匹配」的意思。並且，你去除了對於「三千萬鑽戒」的負面批判，因爲現在的你瞭解到，同樣是戴鑽戒，也有一種原因是與「階級感」、「優越感」或「貪著物質」這些無關，而是來自於你的內心重回了自性的寶座。富貴的是你的心，而能量只是匹配了過來。

這麼說，接下來的我會在物質層面也變得更尊貴與富裕嗎？

你早已經是尊貴與富裕的了，我只想說明這點。你不需要去想別的，跟我一起停留在當下，品味這一刻的美好，不是很棒嗎？

真的，親愛的以馬，我願意放下一切時間性的想念，就在現在放下。然後我感受到了你，變得更深邃、更清晰，變成無比的「覺」。

（我安靜了一陣子）

親愛的以馬，在這暫停的安靜中，無念、清淨，也遺忘了尊貴不尊貴，也無所謂富裕不富裕。就只是簡簡單單地「在」。

是的，孩子，那麼這就回答了一個你接著想問但還沒有打字出來的問題：那麼，爲什麼禪宗很多開悟者，或是過去許多修行的很有成就的人，他們的物質匹配看起來如此樸素、甚至簡陋？爲什麼他們的外在沒有匹配出金光閃閃的物質環境？

親愛的以馬，因為他們也沒有活在「富裕感」、「尊貴感」裡面了，他們的心變得很平淡……不，應該說變得更加「醒來」、更加的「覺」，所以他們不再吸引什麼，就像一杯透明的白開水。

親愛的以馬，我忽然瞭解到：一個內心已經自由的人，便可以自由的調控能量，去吸引想要創造的事件。這就像玩遊戲一樣，也像變魔術一樣，但這些都是假的，只是調整能量去變化出來的而已。不管是鑽戒還是草寮，兩者其實沒有什麼不同，因為沒有哪個比較難變出來……當一個人的開放性已經足夠的時候。然而，這些也都只是一種能量的遊戲而已。

親愛的以馬，今天仍然非常謝謝你。尤其最後我問到物質層面的問題的時候，你用一個「回到當下的能量」無言地回答了我，讓我再次地覺醒，這出乎意料的指引令我感到不可思議，令我感到無比的感謝。

【後語】

# 祂只是你遺忘已久的雙翅

當你心裡頭覺得甜甜的時候，那就是**神**。

每次你心裡頭覺得甜甜的時候，其實漸漸地你就開始擔心，擔心讓你覺得甜甜的東西正在過去。你需要很仔細去看，事實上真的是這樣：**並不是甜甜的感覺會過去，是你自己用擔心和其他懷著憂慮的思緒去打斷它。否則，如果你不去打斷它的話，如果你在裡面待久一點的話，你會找到神。**

因為**神性自在**。

也就是說，是的！在一塊巧克力裡也可以找到神……而不只是卡路里。如果你不只是專注在巧克力裡面找堅果的話。

但你的憂慮會告訴你，在巧克力裡面找到的神無法幫助你面對房租、面對人生。你的憂慮覺得，巧克力裡的神只是自我安慰，而自我安慰是很渺小的、很容易就被隨便一件不順利的事破壞掉了。憂慮對你拿出的證明就是：所以你必須一直依賴巧克力……尤其是不順利的時候，一塊接一塊……

好吧，這是對的。

這是「對的」的原因是，既然憂慮的你認為這個「甜甜的、小小的喜悅」微不足道，**那麼它就會是這個樣子**。要知道，心靈的法則跟物質是不一樣的。一件衣服如果太小，無論如何你也穿不進去；可是心靈的東西卻不是這樣，你感受它的時間愈久，它就愈大，反之亦然。

所以其實，「甜蜜」或「喜悅」並沒有固定的大或小。

你感受它愈久，它就愈大。

你愈專心感受它，它就愈大。

你愈願意感受它，它就愈大。

這三點根本就是我們明明都有的經驗，可是我們並沒有想，這跟「神」有什麼關係。

**每個生命中喜悅的時刻，事實上，都是你遇見神的片刻。**一片巧克力也能夠為你和神的世界之間鑿出一個小孔，讓你在這個片刻感受到，一股來自神的喜悅從那兒冒出來。如果你讓這個小孔維持只是個小孔，當然你就只能待在這個小孔旁邊；但如果你能夠把小孔開鑿得更大，你會發現，開始有一條發亮的流灌進你的世界裡；而你可以離開小孔走得更遠，你不必執著巧克力，因為，神進來了。

這很妙，如果你為神鑿的孔太小，你就只會感覺一點點開心，然後你就不會認出那是神，也不會了悟到「神性自在」。你會說那是「開心」，而且，「開心」就只是開心，開心不會對你說話。但如果你為神鑿的孔再大一點，並且常常保持開放，你會發現那將不止是一種喜悅或開心的「感覺」而已，那裡有極具智慧的神存在那裡，然後透過你的意願，祂的確能給你靈感、甚至與你互動。

所以，**如果你想要體驗更完整的神，唯一的方式就是讓你的生活停留在喜悅中久一點、再久一點**。然後當你的生活主要以喜悅和平安為基調時，「神性自在」就會變得非常明顯了。

而關於與神對話，這裡有兩件事可以與你分享。首先，「神」就是「富足感」的本身，因此當你進入神的意識之流的時候，當下就已經擁有了富足，真的等於擁有了一切。因此當你「通靈」的時候，會感覺到已經在平安與完滿的愛當中，那時候不再需要去「解決」問題，而是對於問題，自然有著面對的「態度」，而在這個態度裡面，自然就有了你的決定和選擇。

這個意思是，在神的世界裡，問題不是靠方法去「解決」，而是確立「態度」去「決定」的。在神的平安與愛中，自然對狀況會有所表態（回應），而那就是神的「解決」方式。

簡單說：**神從不解決，神總是表態。**

神的表態常常出乎預料，卻有一個共同特徵，就是它們都會是「發亮的想法」。你一聽到祂的回答，立刻就會覺得發亮，並把你帶回平安、喜悅或是釋放感中，那就是神的奇妙智慧。

因此，如果你所得到的對話不是這樣，你需要放下自己的焦慮和執著，回歸平安，才能對準正確的頻道。

第二件事是，人只能跟隨神，或不跟隨，但你無法「利用」神。與神對話正確的方式是允許神的更高觀點流向你內在的困頓點，讓祂的評論打開你。祂的評論總是充滿智慧，而且將揚升你。

如果你能先進入神的這條發亮的思維之流，再去為人生每一刻的狀況做決策，你會發現自己已經走在揚升之道上，過得既輕鬆又有效率。但是一旦你的心裡固執地想著，要神進入你要停留的意識平面上給予你要的東西或答案，你將連結到其他的頻道上去，錯失了體驗神所預備給你的那超乎想像的福分。

終究，神與我們為一，祂只是我們遺忘已久的翅膀，請開始在陽光下學著揮動它，你便開始起飛、揚升，而我們將會在美麗的藍天中相遇！等著你。

國家圖書館出版品預行編目 (CIP) 資料

神性自在：來自紫色天堂的以馬內利靈訊 / 章成著 . --
初版 . -- 臺北市：商周出版：家庭傳媒城邦分公司發
行, 2011.07
面； 公分 -- (Open Mind ; 17)
ISBN 978-986-120-930-2( 精裝 )

1. 靈修 2. 通靈術

192.1 100012707

Open Mind 17

# 神性自在：來自紫色天堂的以馬內利靈訊（常銷普及版）

作　　者 / 章成
企畫選書
責任編輯 / 徐藍萍
版　　權 / 翁靜如
行銷業務 / 王瑜、闕睿甫
總 編 輯 / 徐藍萍
總 經 理 / 彭之琬
發 行 人 / 何飛鵬
法律顧問 / 元禾法律事務所王子文律師
出　　版 / 商周出版
台北市 104 民生東路二段 141 號 9 樓
電話：(02) 25007008　傳真：(02)25007759
Blog：http://bwp25007008.pixnet.net/blog
E-mail：bwp.service@cite.com.tw
發　　行 / 英屬蓋曼群島商家庭傳媒股份有限公司城邦分公司
台北市中山區民生東路二段 141 號 2 樓
書虫客服服務專線：02-25007718　02-25007719
服務時間：週一至週五 9:30-12:00　13:30-17:00
24 小時傳真服務：02-25001990　02-25001991
劃撥帳號：19863813　戶名：書虫股份有限公司
讀者服務信箱 E-mail：service@readingclub.com.tw
城邦讀書花園：www.cite.com.tw
香港發行所 / 城邦（香港）出版集團有限公司
香港灣仔駱克道 193 號東超商業中心 1 樓 E-mail: hkcite@biznetvigator.com
電話：(852)25086231　傳真：(852)25789337
馬新發行所 / 城邦（馬新）出版集團【Cite (M) Sdn. Bhd. (458372U)】
11, Jalan 30D/146, Desa Tasik, Sungai Besi,
57000 Kuala Lumpur, Malaysia
電話：（603）90563833 傳真：（603）90562833
封面設計 / 張燕儀
排　　版 / 極翔企業有限公司印刷
印　　刷 / 卡樂彩色製版印刷有限公司
總 經 銷 / 聯合發行股份有限公司　電話：(02) 2917-8022　傳真：(02) 2911-0053

■2011 年 7 月 28 日初版
■2018 年 12 月 11 日二版
■2023 年 3 月 2 日二版 1.8 刷
定價 280 元

Printed in Taiwan

城邦讀書花園
www.cite.com.tw

　ISBN 978-986-120-930-2

| 廣　告　回　函 |
|---|
| 北區郵政管理登記證 |
| 北臺字第000791號 |
| 郵資已付，免貼郵票 |

104　台北市民生東路二段141號2樓

英屬蓋曼群島商家庭傳媒股份有限公司城邦分公司　收

請沿虛線對摺，謝謝！

| 書號：BU7017X | 書名：神性自在 | 編碼： |
|---|---|---|

請於此處用膠水黏貼

# 讀者回函卡

謝謝您購買我們出版的書籍！請費心填寫此回函卡，我們將不定期寄上城邦集團最新的出版訊息。

姓名：________________

性別：□男　□女

生日：西元________年________月________日

地址：________________

聯絡電話：________________　傳真：________________

E-mail：________________

職業：□1.學生 □2.軍公教 □3.服務 □4.金融 □5.製造 □6.資訊
□7.傳播 □8.自由業 □9.農漁牧 □10.家管 □11.退休
□12.其他________________

您從何種方式得知本書消息?

□1.書店□2.網路□3.報紙□4.雜誌□5.廣播 □6.電視 □7.親友推薦
□8.其他________________

您通常以何種方式購書?

□1.書店□2.網路□3.傳真訂購□4.郵局劃撥 □5.其他________

您喜歡閱讀哪些類別的書籍?

□1.財經商業□2.自然科學 □3.歷史□4.法律□5.文學□6.休閒旅遊
□7.小說□8.人物傳記□9.生活、勵志□10.其他________

對我們的建議：

________________

________________

________________

________________

請於此處用膠水黏貼